肇庆学院马克思主义学院重点学科以及思政专项

肇庆学院优秀青年教师科研能力提升计划资助项目

肇庆学院高层次项目培育计划资助项目

·马克思主义研究文库·

中国共产党
技术教育思想研究

林润燕 ┃ 著

光明日报出版社

图书在版编目（CIP）数据

中国共产党技术教育思想研究 / 林润燕著 . -- 北京：
光明日报出版社，2025.1. -- ISBN 978 - 7 - 5194 - 8501 - 6

Ⅰ. G719.2

中国国家版本馆 CIP 数据核字第 2025EF4279 号

中国共产党技术教育思想研究

ZHONGGUO GONGCHANDANG JISHU JIAOYU SIXIANG YANJIU

著　　者：林润燕	
责任编辑：李壬杰	责任校对：李　倩　李海慧
封面设计：中联华文	责任印制：曹　净

出版发行：光明日报出版社

地　　址：北京市西城区永安路 106 号，100050

电　　话：010-63169890（咨询），010-63131930（邮购）

传　　真：010-63131930

网　　址：http://book.gmw.cn

E - mail：gmrbcbs@gmw.cn

法律顾问：北京市兰台律师事务所龚柳方律师

印　　刷：三河市华东印刷有限公司

装　　订：三河市华东印刷有限公司

本书如有破损、缺页、装订错误，请与本社联系调换，电话：010-63131930

开　　本：170mm×240mm			
字　　数：192 千字		印　　张：13.5	
版　　次：2025 年 1 月第 1 版		印　　次：2025 年 1 月第 1 次印刷	
书　　号：ISBN 978 - 7 - 5194 - 8501 - 6			
定　　价：85.00 元			

前　言

马克思指出，大工业的本性决定了"劳动的变换、职能的更动和工人的全面流动性"，旨在培养具有全面劳动能力的人。随着技术不断进步，技术产品更新换代不断加快，技术人才的知识结构不断更新和转换，对各类技术人才也不断提出新的要求。而我国在生产实践中存在"技术人才培养困境"，往往出现生产技术人员的素质与生产环节的要求不匹配的情况，最终导致生产的产品达不到高品质的要求。将"技术人才培养困境"分析到各类技术人才之中，又发现存在核心技术人才的自主创新能力不足、工程技术人才的工程伦理责任困境、技术工人的知识与能力结构达不到新的素质要求等问题。

"技术人才培养困境"引发我们对技术教育问题的深层次思考，马克思主义技术教育思想始终在指导着中国技术教育事业的改革和发展，中国共产党在发展技术教育实践的过程中也不断丰富和发展了马克思主义技术教育思想。本书在辩证唯物主义和历史唯物主义的基本方法论指导下，以中国共产党的技术教育思想为研究对象，对其理论基础以及三个历史阶段的演进进行考察，并从宏观、中观和微观三个层面构建其主要内容，最后指出其重要的理论与实践意义。具体来说，全书由绪论、正文和结语三大部分组成，主要观点和内容如下：

第一，在第一章绪论中，首先简要阐明了本论文选题的缘由以及进行研究的意义；其次在梳理国内外研究文献的基础上，从四个方面呈现了中国共产党技术教育思想的研究现状并点明存在的不足之处；再次从总体上阐述了本书研究的思路方法；最后点明研究的创新之处并对一些关键概念进行界定。第二，中国共产党技术教育思想的理论基础。从马克思恩格斯的技术教育思想理论、列宁的技术教育思想理论、克鲁普斯卡雅的技术教育思想理论和中国传统文化中的技术教育思想四个方面梳理了中国共产党技术教育思想的理论基础。第三，中国共产党技术教育思想的历史发展。论述了中国共产党技术教育思想的萌芽与确立、中国共产党技术教育思想的发展与运用、中国共产党技术教育思想的新发展三个阶段。第四，中国共产党技术教育思想的主要内容。首先从宏观层面论述中国共产党的技术人才思想，以中共领导人技术人才观的演变为主线，指出当代技术人才观需要融入"人文素养"和"工匠精神"的时代诉求；其次从中观层面论述中国共产党的技术学校发展思想；最后从微观层面论述中国共产党的技术教学思想。第五，中国共产党技术教育思想的理论与实践意义。中国共产党的技术教育思想具有对马克思主义技术教育思想的进一步丰富和发展，对中国古代技术教育思想的地位、价值取向和指导理念的超越，对中国近代技术教育思想的理论与实践两方面的跨越式发展三层理论意义。而从实践意义来看，中国共产党的技术教育思想能够对技术教育事业的改革与发展提供实践指导，从而优化核心技术人才、工程技术人才和技术工人的培养现状，解决我国"技术人才培养困境"，有利于提升核心技术人才的自主创新能力、有利于解决工程技术人才存在的工程伦理困境问题、有利于培养高素质技术工人和推进"优质制造"。最后是结语，对本书研究的内容进行总结，并展望了中国共产党的技术教育思想发展的三个趋势：中国共产党的技术教育思想内涵需要扩张使其彰显内容的价值，回归价值的追求和人的自我实现；可持续发展技术教育观念需要注重技术教育与普通教育相衔接且与终身教育更加紧密结合；中国共产党的技术教育思想将会是一个更加开放的系统。

目　录
CONTENTS

第一章

绪 论

全球化背景下，科学技术日新月异，新技术的应用已经渗透到人们的日常生活和工作中，甚至人的成长和全面发展都和技术息息相关。而随着马克思主义中国化的历史进程不断推进，中国共产党的技术教育思想在指导技术教育实践的形式、内容和过程中都发生了深刻变化，在理论创新与实践发展中都面临新的问题。目前关于中国共产党的技术教育思想研究往往是从单一学科视角来展开，比较多关注于各类实证问题，缺少从系统上对中国共产党技术教育思想的理论基础、演进过程、技术教育思想基本内容等方面的构建做出充分的研究。

第一节 选题缘起与研究意义

一、选题的缘由

早在 1995 年江泽民同志就提出要 "培养和造就大批德才兼备" 的科学技术人才，随着社会生产服务的技术智能信息不断渗透其中，社会生产与服务的主体所利用的体力劳动将不再繁重、逐渐消减，相应地，对劳动主体的技术知识和技能水平的要求反而越来越高。① 所以，我们要意识到科学技术人才在全国劳动者中的重要性，要不断提高所占的比例，并使劳动主体的技术素养与技术技能水平能够满足社会的需求，这对于我国建立社会主义科技强国有着重大的战略意义。而培养人才重在教育，培养技术人才更是要重视技术教育，江泽民同志面对这些问题，早些年也曾强调"积极发展职业技术教育"②"要继续办好义务教育和各种职业技术教育"③。

随着我国创新驱动战略的提出，2016 年中共中央、国务院印发了《国家创新驱动发展战略纲要》，其中指出要从 2020 年开始以 10 年、20 年的发展来实现"进入创新型国家行列"到"跻身创新型国家前列"再到"建成创新强国"的三个伟大目标，到 2050 年要成为世界科技创新强国，那么科技人才就是非常关键的前提和基础。2014 年 6 月习近平同志在中国科学院第十七次院士大会的讲话中指明我国存在科技人才结构性不足的问题。具体表现在几个重要的科技人才类别上，例如缺乏世界级的科技大师、科技领军人才，工程技术人才的培养过程中存在生产与实践脱节的情况。④ 技术人才结构性不足已经成为困扰科技创新、技术进步的重要因素。对于这些问题，习近平同志强调要树立正确人才观，"努力培养数以亿计的高素质劳动者和技术技能人才"⑤，并提出要始终高度重视提高劳动者素质，要大规模培养劳动者队伍。由于劳动技术人才的创造能力与其具备的技术知识和技术技能成正比，所以培养劳动者队伍的知识、技术积累，从而提升劳动者的创新能力，需要诉诸职工素质事业建设的实施。⑥

自改革开放 40 余年来，我国经济一直处于长期稳定的发展状态，当前已

① 江泽民. 论科学技术 [M]. 北京：中央文献出版社，2001：58.
② 江泽民. 论科学技术 [M]. 北京：中央文献出版社，2001：35.
③ 江泽民. 论科学技术 [M]. 北京：中央文献出版社，2001：35.
④ 中共中央文献研究室. 习近平关于科技创新论述摘编 [M]. 北京：中央文献出版社，2016：118.
⑤ 习近平就加快发展职业教育作出的指示 [N]. 人民日报，2014-06-24（1）.
⑥ 中共中央文献研究室. 习近平关于科技创新论述摘编 [M]. 北京：中央文献出版社，2016：123.

经到了经济新常态下传统产业转型升级，迈向科技创新强国的发展新阶段。从社会历史领域看当代社会发展的历史进程，一个国家经济上的成功，都与其出色的技术教育体系为该国的就业市场提供高素质技术人才密不可分。不可否认，中国共产党的技术教育思想指导着技术教育在实践中不断深入的改革和发展，对于培养大量的各层次技术人才和提高我国劳动者的整体技术素养，做出了不可替代的贡献。中共领导人对技术职业教育也有着高度的重视。2014年习近平同志就曾指出要引领职业教育的时代风尚，并以"劳动""技能""创造"三位一体来点明现时代对其的要求。到了2015年，习近平同志再次就职业教育的地位给予了肯定。既指出职业教育是我国整个教育体系必不可少的一部分，也提出要培养出满足社会生产新要求的高素质技术人才，无法单靠学校、政府等一方的力量，需要全社会共同齐心协力办好职业教育。并再次指出社会各行各业需要大批的科学技术技能型人才，而接受技术教育的学生作为社会技术人才的潜在者，也需要不断提升自我的技术理论与实践能力。深入践行和构建中国特色社会主义技术教育思想，是将马克思主义技术教育思想与我国现时代新经济常态下产业转型亟须强大的技术教育事业的具体实际情况相结合，进一步发展和丰富中国共产党的技术教育思想。

马克思主义者们历来非常重视技术教育，提出了诸多重要的技术教育思想理论。马克思的技术教育思想是科学社会主义理论的重要组成部分。1866年马克思对技术教育的概念给出了清晰的概述，并为研究与实践马克思主义技术教育思想的追随者提供了理论指导。马克思认为综合技术教育要从两方面来看，既要"懂生产原理"又要"懂运用工具技能"的教育称之为综合技术教育，这个生产原理是指现代生产过程中的基本原理，而工具技能是指运用那些最简单工具的技能。① 马克思重视技术教育，把技术教育与智育和体育并列作为教育的主要内容之一，并充分肯定了技术教育对人的全面发展和提升社会生产力具有积极作用。马克思的技术教育思想与关于人的全面发展学

① 中共中央马克思恩格斯列宁斯大林著作编译局.马克思恩格斯全集：第16卷［M］.北京：人民出版社，1964：216-218.

说观点始终相联系，在当时机器大生产快速发展的背景下，普通学校的教学内容和模式还是以普通教育为主，兼授综合技术教育的学校并不多，而生产高度社会化决定了劳动的变换、职能的更动和工人的全面流动是社会发展的必然趋势。承认劳动的变换、职能的更动，就是要承认劳动者能够尽可能多方面的发展，并能符合变换从事各种职业的劳动力再生产规律。而"工人尽可能多方面的发展"这样的诉求已经不能满足于某个单一职能的职业教育，而是需要开启培养全员劳动技能的劳动者技术教育，为社会培养全面发展的生产力要素。

从纵向社会历史领域的现实实践角度看，马克思主义者们在践行和发展马克思主义技术教育思想时，都能与具体实际情况相结合，科学地指导有关技术人才培养、技术学校开展、技能教学模式等具体技术教育问题。俄国十月革命之后，为了解决科技人才非常匮乏这一问题，列宁继承和发展了马克思和恩格斯关于综合技术教育的理论，并从俄国的实际情况出发，指导技术教育事业的发展，采取了一系列措施，在学校实施综合技术教育，有效地解决了各行各业技术人才不足的问题，为社会主义事业的建设提供了充足的人力资源保障。

毛泽东同志在中央苏区时期践行的技术教育思想也是继承和发展马克思主义的技术教育思想，并将技术教育思想用于指导技术教育的发展实践。中国共产党根据每个地方的具体情况和对技术教育形式的不同需求，创造了许多可随时调节、对现实有重要的作用、丰富与发展了马克思主义技术教育思想的具体技术教育形式。而且中国共产党领导人依据革命战争的紧急需要，选择相应的课程设置和教学方式，使得技术教育在根据地的革命战争和各项建设中发挥了十分重要的作用。具体的技术教育形式的开展主要是围绕"为战争服务"的技术教育思想内容，比如当时在战争中的军事战术教育、为了救治伤员的看护技术教育、保障战争后勤顺利进行的缝纫技术教育等。

马克思主义技术教育思想在中国革命、建设、改革发展阶段，在解决技术教育事业发展中遇到的难题都有根本性的指导作用和蓬勃的生命力。毛泽东、刘少奇、周恩来、邓小平等中国共产党领导人为解决我国各个阶段的技术教育事业发展中的实践问题,不断提出与中国的具体实际相结合的技术教育思想,进一步继承与丰富了马克思主义技术教育思想。与中国具体实际情况相结合的中国共产党的技术教育思想用于指导我国现实技术人才问题的解决,虽然过程曲折,但是取得了不菲的成绩,直接为中国的革命、建设、改革、发展提供了充足的社会生产力因素。

从横向社会发展的角度看,我们现在虽处于新科技革命的后工业时代,制造业频现标准化流水线和机械化大生产,而在某些精密和复杂细致的制造业领域,机器并不能够完全替代人工。2016年全国两会政府工作报告中强调"中国制造"要升级为"优质制造",需要培养一大批的符合现实需求的技术人才作为强大动力支撑。虽不乏十分精良的工艺技术存在于制造工程中,但对于面向基础产品的中国制造领域,仍缺乏有代表性的中国"优质制造"品牌。在这种现象背后,不仅是优质的技术人才和基础制造中技术人才具备的工匠精神的缺失,更突显了我国生产实践中"技术人才培养困境"。政府工作报告中还提到"培育精益求精的工匠精神",引用了"工匠精神"这样一个具有传统色彩的术语,引发社会的广泛关注。2017年全国两会政府工作报告中再次明确提出需要培育数量众多、质量优良的"中国工匠",来保障我国"中国品牌"的打造。这一方面反映了我国在产业转型的关键时期技术人才不足的问题,另一方面则体现了全社会对优质技术人才具备"匠人精神"的追求和重视。

2015年某媒体曾发文指出当下我国的制造业水平不能很好地满足人们对高品质生活的需求。我国生产出来的产品品质不能满足现实生活的需求,"技术人才培养困境"是主要的原因,而充足的高素质技能人才供给离不开完善的技术教育体系支撑。优质制造中极具代表性的是瑞士控制误差毫秒不差的钟表匠、德国仅拧各种螺丝就要学习几个月的工人、日本那些捏寿司都要捏成精致艺术品的手艺人。而经这些追求优质的工匠之手制造出来的产品,都成了高品质的代表。如德国车的质量受到世界各国的一致好评,德国造的原装车也能带给消费者极大的安全感和满足感。德国高水平制造工艺使其成功向"智能制造"转型，而德国工业强国的成功尤其是其精湛的制造技术和厚实的工匠精神都离不开完善的技术教育体系支撑。德国技术教育体系中培养出各行各业大量的专业技术人才，为社会输送了高质量的技术劳动者。

有着充足一流技术人才的工业制造国家往往有着强大的技术教育体系支撑，正因为社会经济在分工上的复杂多样，直接对技术人才的需求提出了多方面的要求，技术教育事业的发展要满足社会经济结构与分工的复杂多样性，才能够培养出满足社会要求的技术人才，从而与经济建设规划持续地保持平衡，才能使生产力的发展获得坚实的基础。换句话说，经济结构需要与教育结构相适应，才能不断满足各种人才的需要。只有完善的技术教育体系才能为各行各业输送大量的符合要求的专业技术人才。我国目前进入产业转型的关键时期，建立完善的技术教育体系是满足对各类技术人才需求的必然趋势。而中国共产党的技术教育思想对我国技术教育体系的构建有着深刻且积极的影响。无论是苏维埃时期毛泽东同志为保障革命事业的顺利进行提出技术教育思想、新中国成立初期提出"半工（农）半读"技术教育理念，抑或是改革开放以来提出"大力发展职业技术教育"指导思想，还是党的十八大提出"加快发展职业教育"的技术教育思想等，都是结合中国的具体实际情况对技术教育事业的发展实践做出思想理论指导，并在每个特定阶段取得一定的优秀成果。

可见，技术教育是社会发展的强大动力并与国民生计息息相关。为了解决技术人才培养现实问题，以什么样的视角来对技术教育进行探视并构建适应当今时代发展的技术教育体系是我们亟须注重的课题。因此，以中国共产党的技术教育思想作为研究对象，通过对其理论基础、历史演进的发展过程、构建基本内容包括的层面、中国共产党技术教育思想的理论意义等内容进行分析，对解决我国核心技术人才问题、工程师伦理困境、技术工人素质问题等现实难题有一定的实践意义。总的来说，在我国经济新常态下面临发达国家回归实体经济的新一轮国际竞争中，需要加快推动"创新驱动""中国制造

2025"等关键战略计划，培养各类高素养技术人才。以中国共产党的技术教育思想作为研究课题，能对我国当前的技术教育走向有一个全面科学的认识，也能更好地给我国技术教育实践给予指导，摆脱我国"技术人才培养困境"，从而实现"创新驱动"的"制造强国"目标。

二、研究意义

当今时代科技进步日新月异，技术产品使用周期越来越短且更新换代不断加快，社会职业也随之诞生或消亡，工作的目标、内容、组织、方式及其工具也会随着科技的变化而发生巨大的改变。这些因素都会直接导致就业的不稳定性，一次性的技术教育已不能满足当前发展需要，只能以终身就业的理念来不断获取所需的知识与技能。技术人才对技术知识的存储和运用需要不断更新。无论是从马克思面对大工业背景下提出的技术教育思想还是时至今日后工业时代产业转型面临的"技术人才的培养困境"，都引发了对技术教育思想的再思考，都始终与如何培养、培养怎样的技术人才思想有关。当前，以中国共产党的技术教育思想为研究对象，具有重要的理论意义和实践意义。

（一）理论意义

一方面，目前学界对技术教育思想的研究往往是从单一学科视角来展开，比较多关注于各类实证问题。本课题的研究有助于补充一个全新的视角，从中国共产党技术教育思想的理论基础、演进过程、基本内容的构建和技术教育思想的理论与实践意义做出充分的研究。另一方面，有利于进一步丰富和深化马克思主义技术教育思想。中国共产党的技术教育思想包含的技术教育思想内容丰富、层次多样，其中关于多种形式丰富、理论与实践相结合的思想以及从技术知识流动的微观角度分析中国共产党的技术教学思想与规律等，都是深入研究马克思主义技术教育思想的内涵、特征实质的重要方面，也是中国共产党的技术教育思想发展的内在诉求。

（二）实践意义

第一，随着马克思主义中国化的历史进程不断推进，中国共产党的技术教育思想随着我国革命、建设、改革的不同阶段实际情况也发生了深刻变化，出现了新的问题和发展趋势。通过对中国共产党技术教育思想的研究，可以厘清在现阶段经济新常态下产业转型升级、创新驱动和建设制造强国的关键时期，技术教育思想应该如何指导技术教育事业的改革与发展，为摆脱"技术人才培养困境"提供必要的保障和支撑。第二，有助于在实践中指导技术教育事业的发展价值取向从"制器"提升到"育人"，能够将技术人文素养与当今时代所重视和提倡的"匠人精神"融入技术教育思想中，营造追求优质制造目标的氛围和培养具有人文技术素养的各类技术人才。第三，有利于针对当前我国所面临的产业转型升级、技术人才结构性不足等现实问题，以中国共产党的技术教育思想作为指导和经验借鉴，构建适合我国现实情况的技术教育体系，不再局限于某一类具体的教育形态进行研究，而是依托于技术教育思想的各类实践形式，如学徒制、短期技能培训等，建构一个完善合理的技术教育系统，摆脱我国存在的"各类技术人才的培养困境"，为我国成为制造强国，在新一轮国际竞争中提供技术人才保障。

第二节　研究现状

技术教育存在的理论与现实问题是历届中国共产党领导人重视的问题。习近平同志提出了科技人才队伍存在的结构性不足的问题，特别指出了高级科技人才的缺乏，生产创新实践与工程技术人才教育相脱节，劳动者缺乏知识、技术与创新三大要素难以成为高素质劳动者①等问题。世界级科技人才、工程技术人才、高素质劳动者这三类技术人才的培养不足都是"技术人才培养困境"的具体表现。技术教育思想也一直是国内外学者研究的对象。如国外苏联时期的马克思主义者克鲁普斯卡雅的《职业教育的任务》《综合技术教

---

① 中共中央文献研究室．习近平关于科技创新论述摘编［M］．北京：中央文献出版社，2016：118.

育学校》《论妇女职业教育问题》等著作中呈现的技术教育思想。如日本东京
大学荣誉教授细谷俊夫在 1978 年出版的《技术教育概论》、1984 年出版的日
本世界教育史研究会编著的《六国技术教育史》中提出的技术教育思想。国
内在 20 世纪 80 年代初，关于职业技术教育理论的研究也开始起步。如 1984
年高奇主编的我国第一部职业教育理论著作《职业教育概论》，1985 年由华
东师范大学教育科学研究所、技术教育研究室编著出版的《技术教育概论》，
刘鉴农、李澍卿、董槱主编的《职业技术教育学》，李延和的《职业技术教育
概论》等著述出版。① 下文将从四个方面对国内外研究者关于中国化马克思
主义技术教育思想的相关研究做出逻辑梳理，并指出研究的不足。

一、关于技术教育思想内涵的研究现状

对技术教育本身的内涵属性做相关研究，我们可以从技术教育的定义、
技术教育与相似概念的区别、技术教育思想的其他内涵属性三个方面对相关
的思想观点进行梳理。

（一）技术教育的定义

技术教育的含义随着时代环境的变化和技术的进步而不断发生改变，而
目前学界和不同的官方文件对技术教育的基本内涵的定义的理解也不尽相同。

周青等人认为从技术教育的起源看，技术教育的含义可以有两种。一种
是源于 18 世纪欧洲英、法、德等国家发生了产业革命，工业的迅速发展对技
术工人的知识技能提出了新的要求，进而开始为工业各行业培养相关的技术
专业工人。但严格来说这种技术教育的雏形概念，只能算作职业教育的一种
类型。② 另外一种技术教育主要是源于将技术型区别于技能型人才培养的职业

---

①　国家教委职业技术教育中心研究所 . 职业技术教育原理［M］. 北京：经济科学出版社，
　　1998：23.
②　周青，杨辉祥，倪俊超 . 论技术教育的重要性［J］. 课程·教材·教法，2004（9）：
　　64-68.

教育。① 范程从马克思主义教育学说的角度来考察技术教育的概念，认为"综合技术教育"这一概念，是马克思最先提出的。② 张绍安认为在马克思主义的经典著作中，有的地方提到技术教育，有的地方提到综合技术教育，但其含义是一致的。③ 马克思的综合技术教育思想是在考察现代大工业生产的基础上提出的，认为技术教育的内涵应建立在革命的、发展的和多变的大工业技术基础上，并要求接受技术教育之后的人具有深广的知识、开阔的综合技术事业和在生产中的机动转换能力。马克思认为综合技术教育思想的内涵是指"有关工艺和各种生产工具的实际操作教育"④。

方鸿志等从技术教育课程论、技术教育知识与技能论、技术教育素养论三个方面论述了有关技术教育思想的基本内容之后，从历史与逻辑的统一中把握技术教育的思想内涵，并指出技术教育的内涵是指传授技术知识、培养技能、了解技术社会影响的实践活动，⑤ 且这一实践活动是依托不同组织形式的教育活动为载体进行技术教育的。

也有学者认为技术教育是一种新的教育类型，需要从传统的普通教育中区别出来，无论是课程体系还是教学过程都需要从普通教育中分化，从而才能具体性地承担技术人才的培养，这种技术教育的具体说法主要是来自联合国教科文组织。⑥ 1984 年《技术与职业教育术语》一书指明了技术教育的培

① 周青，杨辉祥，倪俊超. 论技术教育的重要性 [J]. 课程·教材·教法，2004（9）：64-68.
② 范程. 关于我国职业技术教育发展的若干思考：学习马克思综合技术教育思想的体会 [J]. 赣南师范学院学报，1990（2）：58-62.
③ 张绍安. 学习马克思主义的综合技术教育思想 [J]. 锦州师院学报（哲学社会科学版），1983（2）：18-24.
④ 范程. 关于我国职业技术教育发展的若干思考：学习马克思综合技术教育思想的体会 [J]. 赣南师范学院学报，1990（2）：58-62.
⑤ 方鸿志，陈红兵，陈凡. 技术教育概念辨析 [J]. 社会科学辑刊，2007（4）：50-54.
⑥ 杨金土，孟广平，严雪怡. 对技术、技术型人才和技术教育的再认识 [J]. 职业技术教育（教科版），2002（22）：5-10.

养对象是技术员和中级管理人才，这个解释也得到了大多数国家的承认。①
《技术与职业教育术语》一书还对技术教育详细强调是培养中等技术人员、工
程师和高级技术师的教育，技术教育的层次主要是设置在中等教育后期或高
中教育中的初期阶段。② 在此基础上，杨金土等人也认同技术教育的内涵不应
只是以技术学科为内容，而是应包括普通教育理论的教学、技术学科的学习
以及相关的技能训练三大方面内容。③

（二）技术教育与相似概念的区别

要制订好技术教育的标准，除了明确技术教育的概念内涵，还需要区别
于其"家族类似"称谓，并且对与技术教育概念相区别的问题，学界也有不
同专家在很早之前就做出了相关的辨析，其中较多的是将技术教育与职业教
育做出比较。

在 2005 年全国职业教育工作上曾指出"职业教育是个统称"，与"技术
教育""技术培训""职业教育""职业培训"等有相互联系之意。④ 方鸿志
等认为技术培训、职业培训只是技术教育不同的教育活动组织形式而已。⑤ 也
有学者认为职业教育的高级阶段就是技术教育。王式正等认为高等职业教育
的本质是技术教育，并从不同国家和地区对职业教育概念的不同解释的角度
提出了技术教育的成分在职业教育中不断增长的趋势。⑥ 如对职业教育比较传
统的提法是"职业技术教育"（VTE，vocational technological education），在 20
世纪七八十年代以来，也有的地区或国际组织称之为"技术和职业教育"
（TVE），也有的称其为"技术和职业教育与培训"（TVET）。随着"技术"

① 周青，杨辉祥，倪俊超. 论技术教育的重要性 [J]. 课程·教材·教法，2004（9）：
　 64-68.
② 联合国教科文组织颁发的《技术和职业教育术语》（1984 年再版），其中第 8 条"技术
　 教育"。
③ 杨金土，孟广平，严雪怡，等. 对技术、技术型人才和技术教育的再认识：二 [J]. 职
　 业技术教育，2002（22）：5-10.
④ 夏建国. 技术教育：一种必须重视的教育类型 [J]. 职教论坛，2011（1）：47-50.
⑤ 方鸿志，陈红兵，陈凡. 技术教育概念辨析 [J]. 社会科学辑刊，2007（4）：50-54.
⑥ 王式正，曹育南. 技术创新与技术教育 [J]. 职业技术教育，2000（4）：7-10.

二字的不断突显，反映了技术教育的成分在职业教育中比重不断增加的趋势。

孟景舟从词义上指出职业教育与技术教育的区别，并提出两者的关系。从词义上看，职业教育即为职业做准备的教育，技术教育即以传授技术为内容的教育。一般来说，职业必然以技术为支撑，而技术必然以职业为归宿。它们之间其实是目的和手段的关系。[1] 职业教育的目的性更强，直接培养满足各行各业的工作岗位的低层次技能人才，李艳霞等人指出职业教育对教育内容的选择会与普通教育有很大的区别，主要在于实践操作课程的比例不断增加。[2] 职业教育与技术教育的区别不单单在面向岗位以及实践课程与普通教育相差别的比例上，还在于技术人才的培养目标存在方向性的差别。职业教育是面向某一职业或者某一职业领域的技术知识与技能经验的教授，以期培养出适应各种工作岗位的技术人才。反观技术教育而言，则没有专门针对某一工作岗位，而是以专业性较强的技术理论知识或者适应性较强的实际操作能力为培养目标。[3]

在陈凡等学者看来，技术教育与科学教育存在很大的区别，正如作为教育的主要内容——知识而言，技术知识与科学知识也存在很大的区别。技术教育往往是以技术知识作为主要内容进行传授和掌握，并且在培养技术人才的过程中不断融合科学知识，分别从内容、价值和社会三方面的特性来分析技术教育的内涵。陈凡还提出技术教育应该教授的知识内容是与技术相关的，并且借此可将技术教育纳入技术范畴之中。[4] 严雪怡则从培养目标、学习途径、学习程序、专业划分、所得到的知识类型等方面对职业教育与技术教育做出区分。[5]

（三）技术教育思想的其他内涵属性

技术教育的组织形式和层次在很大程度上取决于个体学习类型和教育水

---

① 孟景舟. 职业教育和技术教育辨析 [J]. 教育发展研究, 2008 (19): 27-31.
② 李艳霞, 夏建国. 论职业教育和技术教育 [J]. 职教论坛, 2012 (10): 49-52.
③ 李艳霞, 夏建国. 论职业教育和技术教育 [J]. 职教论坛, 2012 (10): 49-52.
④ 陈凡, 李泽清. 论技术教育的三重特性 [J]. 科学技术与辩证法, 2008 (6): 44-47.
⑤ 严雪怡. 为什么必须区分职业教育和技术教育 [J]. 职教论坛, 2009 (9): 47-52.

平。① 从上文对已有研究的分析，我们知道技术教育的培养目标与普通教育和职业教育有很大的区别，技术教育的培养目标更加明确，灵活性更强一些，主要是培养较强的技术理论与实践技能并能够将技术理论知识与技术实践能力应用和服务于生产、建设和管理过程。美国的詹姆士和哈罗德等学者再次强调了技术教育与技术的关系，直接将受过技术教育与技术培训作为人被纳入"技术圈"基本的条件，② 这也从侧面反映了技术教育人才培养目标与培养路径存在的技术独特性。李艺等认为技术教育活动处于一定的技术环境之中，技术环境也对技术教育活动的独特性产生一定的支持作用。③

方鸿志等提出技术教育包括三个阶段：第一是作为与原始技术经验形态有关的技术教育，往往与劳动教育同时进行；第二是师傅徒弟式培养工匠的技术教育形态；第三是近现代为了满足工业生产新需求培养新型技术工人的教育。在不同阶段，技术教育的具体形态会有所不同，但均离不开马克思对综合技术教育的指导，同时在不同阶段都侧重培养受教育者能够获得满足现代社会生产所需要的技术知识与技能。④ 除了上述涉及的技术知识和技能，随着技术的科学化程度加深，科学理论也不断进入技术领域，产生了以学习并掌握知识理论为主的"理论技术"。严雪怡将技术教育与职业教育以"认知"和"动作技能"划分为不同领域，并且以这两者的深浅高低来分别划分技术人才的层次。⑤ 既然有学者将"认知"与"动作技能"作为不同领域的划分，也产生了技术教育思想的不同价值取向问题、技术教育主体问题、高级技术人才工程师队伍的工程伦理问题等。

以职业为导向的技术教育大多数是狭义的技术教育，而往往在普通教育

---

① 李艳霞，夏建国. 论职业教育和技术教育［J］. 职教论坛，2012（10）：49-52.

② 詹姆士·E. 麦克莱伦第三，哈罗德·多恩. 世界史上的科学技术［M］. 王鸣阳，译. 上海：科技教育出版社，2003：88.

③ 李艺，颜士刚. 论技术教育价值问题的困境与出路［J］. 电化教育研究，2007（8）：9-12.

④ 方鸿志，陈红兵，陈凡. 技术教育概念辨析［J］. 社会科学辑刊，2007（4）：50-54.

⑤ 严雪怡. 技术教育的形成过程［J］. 职教论坛，2012（4）：61-62.

的视角下探讨的技术教育是不以满足职业岗位为需求的技能培训，是一种广义的技术教育，而且是从技术素养的培养为出发点，广义的技术教育内容更多是以技术作为主体线索，对技术的本质、发展逻辑与其他各个因素的关系都有一个全面的认识。

二、中西方技术教育思想的历史演进研究现状

技术教育思想在中西方起源都较早，中西方的技术教育思想的演进过程中，许多重要教育学家或哲学家对技术教育从理论思想体系上或是从实践教育活动中都进行了系统的阐述。在学界有不少学者对中国的技术教育思想演进从古代的官学推行技术教育、管仲的四民分业定居、墨子的技术教育思想到近代洋务运动的李鸿章再到当代教育家黄炎培等人的技术教育思想都分别进行过思想体系的梳理。也有不少学者对技术教育思想的演进过程中出现的西方重要教育学家如卢梭、怀特海、雅斯贝尔斯、杜威和克鲁普斯卡雅等，对他们的技术教育思想观点做出了较为全面系统的论述。

（一）中国技术教育思想演进的研究现状

李约瑟认为中国古代的农业文明高度发达有一个重要的原因就是非常重视职业技术教育。① 中国古代教育史上，虽然无明确的技术教育活动组织形式，但技术教育实践活动却真实地存在着，且形式多样、内容丰富。如从"六艺"之教为发端的官学教育到专科学校的创建与发展、从畴人之学到宦学、从劝课农桑的社会教化到官府作坊艺徒制的建立、从民间的世袭相传到师徒相传等。中国古代具体的技术教育形式如东汉"鸿都门学"、北周"麟趾学"、唐宋时期"书学""算学""医学""药学"、清末"京师同文馆""天津水师学堂"等。

谢广山认为中国古代的学徒制技术教育从父子相传到师徒授予关系的转变，将技能、行业规范和职业道德教育糅合在能者与学徒之间的示范与模范

---

① 李约瑟. 中国科学技术史：总论［M］. 北京：科学出版社，1975：20.

中，体现了"诚"的技术素养和"效"的技术功用。① 从历史朝代更替来看，在西周以前，中国没有出现整体社会意义上的技术教育，因此也并没有产生重要影响的技术教育思想。有学者提出，较为全面系统的技术教育思想初步形成于春秋前中期的齐桓公和管仲时期的齐国，管仲推行的"四民分业定居"是社会改革的直接产物。② 宣兆琦认为齐桓公和管仲时期齐国的技术教育的目标、理念、方式、管理模式及其功能，共同构成了内涵丰富、特点鲜明的古代技术教育思想。齐国确立了职业类分、专门实用的职业技术教育内容和建立设官分职、层级递进的职业技术教育管理模式。③ 后人将齐国管子的技术教育思想视为最早的技术教育思想，而且也由此把职业与技术教育视为不可分割的共同体，将处于自然状态下的科技知识与经验实践相联系的传授方式相结合，成为中国古代技术教育的主要范式。中国古代教育家墨子首次提出将知识分子与劳动者相结合，把理论学习与生产实践相结合的技术教育思想。墨子的技术教育思想中非常重视科学技术理论的传授，在技术实践中既教授弟子技术人工物的理论知识又传授制造器械的技能。刘海鹏认为墨子的技术教育思想中包括了诸多有指导意义的技术教育原则，如量力性原则（量力施教把握分寸）、强说人（积极的教育态度）、实验法（小孔成像实验）等。④墨子的教育理念就是要将无论是"王公大人"还是"匹夫徒步之士"都培养成兼士，从而达到其"兴天下之利"的最终目标，而要达此目标境界，墨子认为可依赖的途径之一必然有技术教育。后人对其教育思想及实践的研究也认为墨子所创办的私学大多带有工业专科学校的萌芽性质。⑤ 墨子的技术教育思想中还特别重视技术素养，这一点最能体现在以"兼利天下"作为人才或者技术活动的道德标准，主张科学技术人员要积极探索，为古代科学技术的进步做出贡献。一些古代重要经典读物也出现了不少重要的技术教育思想，

---

① 谢广山. 中国古代职业与技术教育范式 [J]. 教育与职业，2007（23）：36-38.
② 宣兆琦. 论中国古代职业技术教育思想的形成 [J]. 管子学刊，2006（3）：50-54.
③ 宣兆琦. 论中国古代职业技术教育思想的形成 [J]. 管子学刊，2006（3）：50-54.
④ 刘海鹏. 墨子科学技术教育思想及启示 [J]. 管子学刊，2008（4）：74-76.
⑤ 刘海鹏. 墨子科学技术教育思想及启示 [J]. 管子学刊，2008（4）：74-76.

如《幼学琼林》中蕴含了不少技术教育思想的内容。金春兰从古代技术教育思想"人造物品""技术发明史""技艺"三个方面展开论述。这三方面的技术教育思想对提高人的技术意识和生存能力等方面有着重要的现实意义。人造物品也可称为技术人工物，其源于技术主体的需求而被发明制造，对技术人工物的特征把握也是认识人造物、进行技术知识学习的首要任务。《幼学琼林》中涉及技术人工物诸多技术知识，随着该读本的流传久远，对其中技术知识的传播也起到了一定的积极作用。金春兰通过《幼学琼林》中体现的技术教育思想，指出技艺不仅是人的动手操作能力，还体现为对人与物关系的把握。①

而近代意义上的技术教育思想研究较多是借助洋务运动时期对中国首批近代企业的技能培训来分析考察。李政提出将中国近现代技术教育的历程划分为地主阶级洋务派下的"器用制夷"、资产阶级维新派与革命派影响下的"制度突破"、教育思潮与政治交互影响下的"工具主义"、"劳动教育"等四种技术教育形态。② 学界对洋务运动时期的技术教育思想研究最多的是李鸿章的技术教育思想。洋务运动期间洋务派与改良派中的一些进步人士将技术教育与军事、民用工业结合起来，认为培养本土的技术人才是促进工业发展的重要保障。彭干梓等学者甚至认为中国在近代产生的技术教育具有划时代的历史意义，动摇了中国传统的教育制度。③ 张利华认为洋务运动时期技术教育的主要路径包括四个方面：第一，以外籍技术人员作为教授者，对中国学员进行技术指导和培养；第二，翻译近代科技图书，以便中国有关人员理解和掌握近代工业技术；第三，开设各类洋务学堂，建立近代工业技术教育的实体；第四，派遣有关人员出国留学或考察，开辟近代工业技术教育的新途径。从洋务运动时期技术教育实施的路径可以看出近代的技术教育思想由于在特

---

① 金春兰.《幼学琼林》中有关技术教育内容探析 [J]. 成人教育，2009（2）：11-16.

② 李政. 中国近现代技术教育百年发展历程简析 [J]. 职教论坛，2013（28）：93-96.

③ 彭干梓，夏金星. 李鸿章技术教育思想与实践 [J]. 职业技术教育，2010（31）：76-80.

殊历史背景下而具有一些鲜明的特点。第一，近代技术教育思想指导下的技术教育内容以服务于军事工业技术发展为主；第二，技术教育思想立足于"师夷长技""练兵简器"的观念；第三，近代技术教育思想的地位低下；第四，近代技术教育思想重实践轻理论，知其功不知其理等。①

(二) 西方技术教育思想演进的研究现状

目前学界大多是通过对一些有代表性的技术教育思想流派的重要人物的思想观点来透视西方的技术教育思想演进历程。

在 16 世纪，空想社会主义学家莫尔对英国的青年接受技术教育提出了自己的看法，莫尔指出劳动技术教育不是单独进行的，需要与德、智、体、美这些方面的教育一起进行，而且每一个青年都应该接受农业劳动和手工劳动。到了 19 世纪，法国教育家卢梭肯定了手工劳动教育的作用，并指出手工劳动教育能够更好地培养自由人，使其个性解放。在同一时期，空想社会主义者欧文强调工业劳动对技术教育的重要性，指出培养全面发展的人需要"教育与生产劳动相结合"的指导思想。莫尔、欧文等人的技术教育思想，在马克思的科学社会主义论中得到继承与发展，马克思再结合当时大工业的发展现状与人全面发展的客观需要，提出了"生产劳动与教育相结合"对社会生产与促进人全面发展的唯一作用。② 卢梭提出的技术教育思想是基于当时法国处在产业革命的前夕，随着技术的发展进步，工业生产对技术工人的劳动和技能都提出了新的要求，劳动者需要突破以往掌握单一劳动手艺的状况，接受技术教育获得高水平且全面的劳动技能。在卢梭的著作《爱弥儿》中，爱弥儿接受了多种劳动技能训练就是卢梭技术教育思想的践行，实质上就是在进行综合技术教育。综合技术教育思想的实践离不开受教育者参加生产劳动这一重要的实践环节，这样才能够使学生既掌握各种基本劳动技能，又熟悉生

① 张利华. 中国近代的技术教育: 1860—1890 [J]. 自然辩证法研究, 1992 (11): 59-64.
② 中共中央马克思恩格斯列宁斯大林著作编译局. 马克思恩格斯全集: 第23卷 [M]. 北京: 人民出版社, 1972: 530.

产的基本原理与运用各种主要的简单工具。卢梭这些技术教育思想在金波看来虽然只是其中的一部分，但却成为马克思主义经典著作中体现综合技术教育思想的重要内容。①

徐柯对苏联杰出教育家马卡连柯的技术教育思想做了深入研究。马卡连柯的技术教育思想非常注重现代化生产这一元素，甚至为了践行建立在现代化生产上的技术教育思想，还建立了电动钻孔机工厂和"莱克"照相机两座现代化工厂。马卡连柯认为有赖于现代化生产才能够培养出既对技术高度熟练，又能懂得与生产相关的知识，还能具备生产组织才能的人。徐柯通过对马卡连柯的技术教育思想的研究提出我国进行技术教育要结合具体的现代化生产条件，积极地去组织和探索生产劳动与技术教育相结合的模式。②

从西方涌现出的技术教育思想来看，裴斯泰洛齐的技术教育思想形成对美国技术教育有着重要的影响作用。陈向阳指出裴斯泰洛齐的技术教育思想在诺伊霍夫、斯坦兹等地进行的技术教育思想实验中形成，认为教育与生产劳动相结合在培养儿童的全面发展能力上有着重要的意义。③ 李介等人认为裴斯泰洛齐关于技术教育的理论与实践，不仅反映了资本主义工场手工业时代对教育的新要求，更是看到了在普通教育中实施技术教育对人的和谐发展和社会改造具有重要意义。④ 裴斯泰洛齐的技术教育思想对 19 世纪初的空想社会主义者欧文有很大的影响，欧文一生进行了长期的社会改革及教育改革试验，形成的职业技术教育经验也使马克思受到了启发。

德国存在主义哲学家雅斯贝尔斯提出了与责任理念相关的技术教育思想，常艳芳等人在对雅氏的技术教育思想进行整理分析的过程中，强调培育大学生科技责任理念的重要性。雅斯贝尔斯的科学技术教育思想中最具焦点的地

---

① 金波. 谈谈卢梭的综合技术教育思想：学习《爱弥儿》体会之二 [J]. 史学月刊，1986（1）：88-92.

② 徐柯. 马卡连柯的技术教育思想 [J]. 外国中小学教育，1984（3）：34-35.

③ 陈向阳. 美国技术教育课程百年变革的历史考察 [J]. 职教论坛，2011（22）：81-84.

④ 李介，闫淳冰. 论裴斯泰洛齐的职业技术教育思想及实践 [J]. 职教论坛，2014（10）：94-96.

方在于其坚信塑造大学生的科技责任理念是大学教育目的之所在，相信科学技术也能承担起人文责任，通过对科学功用和技术价值的探讨达到对科学技术发展的认识。①

英国教育家怀特海的技术教育思想有其独特的地方，梁卿认为怀特海技术教育思想中主要是指职业技术教育，而技术主要是面向职业岗位需求的职业性技术。② 怀特海对技术和技术教育有着广泛的理解，虽说职业性技术、职业技术教育是其技术教育思想的主要内容，但是两者并不能直接与技术、技术教育完全等同起来。怀特海认为技术教育是训练运用知识生产物质产品的能力，而且意在培养学生既能够"深刻理解"又能够"充分实践"某些事物的能力。对于英国的职业技术教育，怀特海始终强调文科课程的学习教育非常重要，能够使技术人才具有智慧、道德想象与自由精神，如果因为古典文科教育的形式落后，就在技术教育中完全放弃文科课程，将会导致技术教育理想的流失破产。梁卿指出怀特海将技术教育划分为学校与工作两个方面，并认为科学课程与技术课程不可偏废。③

三、国内学者对经典马克思主义技术教育思想的研究现状

马克思主义技术教育思想是科学社会主义理论中的重要组成部分，范程认为虽然有些著作中提到技术教育，而另外有些著作中却提综合技术教育，但其含义是一致的。④ 马克思提出的一种综合技术教育，是对学生既要能够对"现代生产过程的基本原理"了解和掌握，又要能够"运用最简单生产工具"的教育。马克思主义技术教育思想讲到每个人在儿童与少年阶段都要将技术教育作为基础教育之一，在普通教育阶段既要掌握科学文化基础知识，又能

① 常艳芳，常诚. 大学生科学精神与技术责任理念的培育：雅斯贝尔斯科学技术教育思想研究 [J]. 东北师大学报（哲学社会科学版），2015（5）：221-225.
② 梁卿. 怀特海的技术教育思想及其现实意义 [J]. 职业教育研究，2007（8）：179-180.
③ 梁卿. 怀特海的技术教育思想及其现实意义 [J]. 职业教育研究，2007（8）：179-180.
④ 范程. 关于我国职业技术教育发展的若干思考：学习马克思综合技术教育思想的体会 [J]. 赣南师范学院学报，1990（2）：58-62

够对现代生产过程的一般原理与基本技能有所了解。

马克思主义技术教育思想一个重要的基础是"教育与生产劳动相结合"，在马克思看来，这对提高"社会生产"、培养"全面发展的人"具有重要意义。马克思主义技术教育思想有着深远的意义，在指导技术教育事业的实践时，提出强制规定儿童与少年的劳动与学习时间之间的比例，促使教育与生产劳动相结合的可能性更大。马克思和恩格斯重视综合技术教育有一个重要的背景是，当时大生产的发展而普通学校综合技术教育的因素不多。恩格斯同样十分关心技术教育的发展现状，陶静列出恩格斯给哥尔布诺娃的信中提到，当时英国的技术教育非常稀少，即使有部分技术与技工学校，但是都存在很糟糕的办学情况与教学方式。①

随着大工业的发展决定了劳动的变换、职能的更动和工人的全面流动性，必然会出现劳动能力全面发展的工人逐渐取代只有社会局部职能的工人，在社会中存在的活动方式是以不同社会职能相互交替的情况出现的。陶静根据马克思和恩格斯在著作中关于技术教育的论述，概括了马克思主义技术教育思想的内容，并指出摆脱局部工人的困境需要掌握这些知识技能，成为全面发展的劳动者。② 大工业的发展决定了劳动的变换、职能的更动和工人的全面流动性，也就是说，只承担一种社会局部职能的个人已经或将不适应社会的发展。陶静在文中还指出要实行综合技术教育需要理论与实践相结合，需要将生产劳动和科学工艺技术课程相结合进行教学活动。③ 徐名滴在分析马克思的技术教育思想时指出，马克思强调工人阶级自身和后代教育都要与生产劳动相结合。④ 马克思的综合技术教育虽然在教育形式上与学徒制技术教育、面

---

① 陶静. 略论马克思主义的综合技术教育理论 [J]. 中南民族大学学报 (人文社会科学版)，2005 (5)：300-301.

② 陶静. 略论马克思主义的综合技术教育理论 [J]. 中南民族大学学报 (人文社会科学版)，2005 (5)：300-301.

③ 陶静. 略论马克思主义的综合技术教育理论 [J]. 中南民族大学学报 (人文社会科学版)，2005 (5)：300-301.

④ 徐名滴. 论技术教育：马克思主义的技术教育思想与中国教育的现实 [J]. 教育论丛，1983 (6)：19-23.

向职业的技术教育和普通教育都不尽相同，但是在培养目标和技术实践上，与学徒制形式的技术教育有着很多相同的地方。马克思的综合技术教育是对教育对象施行"懂得整个工业生产的科学基础"和对"各种简单生产工具"的运用，在这一点上又与工种技术教育有着很大的区别。程敬宝在研究马克思主义技术教育思想的基础上，认为综合技术教育体现了培养一个劳动能力全面发展的现代工人，其实也是培养一个智力与体力均衡发展的人，并提出综合技术教育、普通教育和单一工种的职业教育三者是相互有机结合的，不能相互排斥或削弱某一方。①

俄国十月革命之后，也有着科技人才缺乏的问题，为了解决这一问题，列宁继承和发展了马克思和恩格斯关于综合技术教育的思想理论，并从当时俄国的现实情况出发，采取诸多措施，实践综合技术教育思想，发展技术教育事业。对于这一时期马克思主义者列宁的技术教育思想和实践的研究也成果颇丰。陶静从四方面论述列宁的技术教育思想，分别是列宁把综合技术教育提到党纲的高度、反对离开科学教育的基础搞过早专业化、培养具有综合技术素养的"手工匠"、技术教育也要注重培养共产主义思想等。② 对于列宁的综合技术教育思想，肖川除了陶静概括的列宁反对过早专业化和把综合技术教育提到党纲的高度之外，还提出列宁把综合技术教育放到人的全面发展的条件、社会主义和共产主义实现的条件的高度来看待，和强调不容混淆综合技术教育和职业教育的概念，且从实际出发科学地解决了实施的途径和方法。③ 对于技术教育的内容，马克思提出过包括掌握生产的科学原理和获得运用简单生产工具的使用技能。徐名滴在梳理马克思的综合技术教育思想时指明列宁的技术教育思想与实践都是对马克思的技术教育思想的继承与发展，列宁的技术教育实践是在将技术教育提到党纲的高度下进行的，而且从俄国

---

① 程敬宝. 综合技术教育的功能与现代教育改革：兼论马克思主义综合技术教育思想的伟大意义 [J]. 东北师大学报（教育科学版），1988（3）：13-18.

② 陶静. 略论马克思主义的综合技术教育理论 [J]. 中南民族大学学报（人文社会科学版），2005（5）：300-301.

③ 肖川. 列宁综合技术教育思想及其指导意义 [J]. 黑龙江高教研究，1991（3）：11-16.

实际出发，不断解决了这一世界上第一个社会主义国家的技术教育实践问题。① 可以说，列宁继承并发展了马克思恩格斯的技术教育思想，并把技术教育看作培养全面发展的人、提高工农业生产、发展国民经济的重要措施。② 列宁的综合技术教育思想除了在理论上有上述的重大贡献外，在实践上也制定了综合技术教育的具体措施，而且将综合技术教育实践与巩固无产阶级政权、人的全面发展紧密联系起来。列宁的技术教育思想是在 1920 年对马克思主义者、教育家克鲁普斯卡雅所撰写的《论综合技术教育》一书的评述中较为全面系统的呈现，其中对技术教育事业实践指导的诸多思想观点，是对马克思主义关于综合技术教育思想的继承发展。对于列宁的技术教育思想，被学者研究最多的是列宁将技术教育思想放置到党纲的内容之中并且为了避免过早专业化制定了诸多措施的指导思想与理论实践。

对于列宁的技术教育思想，学界的研究不在少数，而对于克鲁普斯卡雅这位对俄国的技术教育事业发展做出重要贡献的马克思主义教育家给予的关注与研究甚少，只有少数学者做了较为简要的论述。张燕对克鲁普斯卡雅的综合技术教育思想的论述相对较为详细和系统。克鲁普斯卡雅提出要将技术教育置身于全面的教育系统来讨论，并指出了其他各类教育与综合技术教育的关系与不同，学生在综合技术教育过程中获得的理论知识和实践技能，可以帮助他们自由选择职业。克鲁普斯卡雅认为从全面教育系统来发展技术教育，处理好普通教育与技术教育的问题，有利于确保受教育者的智力与体力均衡，从而可以自由选择职业。张燕在论述克鲁普斯卡雅的技术教育思想中，重点提到克鲁普斯卡雅的劳动学习观点，将劳动学习的不同方式看作综合技术教育与职业教育的区别标准。而且在马克思关于"教育与生产劳动相结合"的思想指导下，将"读书学校"向"劳动学校"转变。克鲁普斯卡雅对实施

---

① 徐名滴. 论技术教育：马克思主义的技术教育思想与中国教育的现实 [J]. 教育论丛，1983（6）：19-23.

② 徐名滴. 论技术教育：马克思主义的技术教育思想与中国教育的现实 [J]. 教育论丛，1983（6）：19-23.

综合技术教育有着深刻而多样的思想建议,例如,提出综合技术教育的实践不只是学校教师、教育政府部门的工作,更需要教育系统以外的其他有利因素的支持。①

四、中国共产党领导人技术教育思想的研究现状

早年以毛泽东同志为代表的中国共产党人无论在革命根据地时期、抗日战争时期还是新民主主义时期的中国革命和建设的实践中,都继承和发展了马克思主义技术教育思想。毛泽东同志自创办湖南自修大学起就强调,甚至在组织大纲中不断强调劳动教育要脑力劳动与体力劳动相结合的思想,且在校内设置园艺、工厂作为综合技术教育的场所。毛泽东同志的技术教育思想在建立革命根据地时期体现得最为充分,钟利民等人针对中央苏区时期毛泽东的职业技术教育思想从方针、原则、政治方向、中心任务等各方面进行系统整理论述。毛泽东同志为中央苏区的职业技术教育确立了四条基本的教育原则,其中第一条就是"教育与劳动相结合"的原则②,继承了马克思的基本教育原理。毛泽东同志的技术教育思想在中央苏区的落实和贯彻更多的是依靠实事求是这一基本原则,根据当地的实际情况创造了灵活多样、科学性强的技术教育形式,为当时革命的需要培养了许多实用性强的技术人才,保障了革命事业的胜利。在中央苏区的职业技术教育中,课程设置与采用的课程教学方式不会一成不变,会根据战争的需要做出调整,比如,为了取得战争胜利而采用战术教育、为了救治战争伤员进行的看护技术培训以及保障战争后勤供给顺利的劳动技能教育等。钟利民等人指出毛泽东同志在中央苏区的技术教育思想体系,实现了技术教育与革命任务的有机统一和完美结合,在革命根据地的革命战争和各项建设中发挥了十分重要的作用。③

---

① 张燕. 克鲁普斯卡亚综合技术教育思想简论 [J]. 职业技术教育,2005(16):74-75.
② 钟利民,黄敏哲,谢元海,等. 中央苏区时期毛泽东的职业技术教育思想、实践及其价值 [J]. 党史文苑,2014(12):24-26.
③ 钟利民,黄敏哲,谢元海,等. 中央苏区时期毛泽东的职业技术教育思想、实践及其价值 [J]. 党史文苑,2014(12):24-26.

  刘少奇同志作为重要的马克思主义践行者，是新中国技术教育事业的主要开拓者、设计者，率先提出了半工（农）半读的技术教育思想。张绍春认为刘少奇同志的技术教育思想是以马列主义教育与生产劳动相结合的原理和中国传统的半耕半读思想为理论基础，实践基础则是建立在其早年勤工俭学经历及对国外半工半读信息的及时把握和国内教育管理实践经验之上的。① 刘少奇同志提出我国要有半工半读、半农半读的教育制度和劳动制度，并从五方面进行指导和实践：半工半读是我国教育制度的发展方向、农村应推行半农半读、城市应推行半工半读、要培养半工半教的师资、"五年试验，十年推广"。其中半工（农）半读教育制度的推行和发展，至少有三方面的好处：第一，符合国家和大部分家庭的经济水平低下的状况，使普及教育成为可能；第二，与青年的劳动就业相结合，有助于增加就业和提高劳动生产率；第三，脑力劳动同体力劳动的差别可以借助于半工半读、半农半读的制度加以初步消除。张绍春认为刘少奇提出的半工（农）半读制度是符合中国技术教育实际情况的产物，体现了马克思主义技术教育思想的运用，但同时也有很多观点是对其新的发展，如教师实行半工（农）半教、半工（农）半读可以有多种形式等。②

  周恩来同志的技术教育思想也十分丰富，有力地指导了我国技术教育事业的发展与改革。新中国成立初期，周恩来同志对我国大力发展中等职业技术教育提出了自己的看法。李江原、黄高庆等人分别从教育管理体制、办学体制改革、教育对象扩大、德育工作、教学工作等方面对周恩来同志的技术教育思想进行了系统的论述。③ 对于教育管理体制，周恩来指出要确立统一的方针才能管理好各级各类中等技术学校，而且部门之间的合作也非常重要。

① 张绍春. 刘少奇职业技术教育思想论析 [J]. 湖南师范大学教育科学学报，2007 (6)：80-86.

② 张绍春. 刘少奇职业技术教育思想论析 [J]. 湖南师范大学教育科学学报，2007 (6)：80-86.

③ 李江原，黄高庆. 论周恩来的职业技术教育思想 [J]. 重庆师专学报，1998 (4)：20-25.

而对于办学体制的改革，在不同时期周恩来同志提出的方针政策也有所不同。在 20 世纪 50 年代，周恩来同志对于技术教育的办学体制提出要"灵活多样"，并且在发展技术教育事业过程中要"采取革命的办法"。① 而 20 世纪 60 年代周恩来同志对于技术教育的办学，强调由政府给予统筹适当资助，同时协调其他方面的力量进行举办，包括企事业单位、个人等。② 而对于德育工作，则强调要认识到职业技术教育的特殊性，学生们都是潜在的劳动者，在工作上除了有良好的敬业精神、负责任的观念作风之外，还要有为人民服务的思想。周恩来同志还非常重视相关教师队伍的建设，除了相关师范院校为其培养师资之外还需要普通院校也为其承担培养师资任务，并建议建立一支兼职教师队伍。③

邓小平同志的职业技术教育理论与毛泽东同志的技术教育思想一脉相承，体现了实事求是的精髓，在对我国社会各方面的发展现状的充分认识之下提出了切合实际情况的技术教育理论，对改革开放以来我国的技术教育事业起到重要的指导作用。曹均学认为邓小平同志的职业技术教育思想的形成源于认识到技术发展之快及其重要性。④ 邓小平同志提出职业技术教育培养出来的技术人才定位是新型的技能劳动者的技术人才思想，这是源于意识到劳动者技术知识水平、生产经验以及劳动技术操作能力只有不断更新提高才能够应对技术的快速发展所带来的工艺变革、设备更新和产品的不断更新换代。⑤ 研究邓小平同志的技术教育思想的学者不在少数，也有学者提出对邓小平同志的技术教育思想进行阶段划分，认为可以从新中国成立初期、党的十一届三中全会、1992 年南方谈话三个节点将其划分为三个思想阶段。通过对邓小平同志的"所有劳动者都需要文化""需要扩大各种中等专业学校、技工学校的比例"等技术教育思想的研究，指出发展职业技术教育对于个人、社会与国

---

① 周恩来. 周恩来教育文选 [M]. 北京：教育科学出版社，1984：84.
② 周恩来. 周恩来教育文选 [M]. 北京：教育科学出版社，1984：85.
③ 周恩来. 周恩来教育文选 [M]. 北京：教育科学出版社，1984：85-87.
④ 曹均学. 论邓小平职业技术教育思想 [J]. 中国电力教育，2008 (2)：37-38.
⑤ 曹均学. 论邓小平职业技术教育思想 [J]. 中国电力教育，2008 (2)：37-38.

家具有重要的战略意义。特别是对个人劳动者的技术素养与科学素质、社会现代化的实现、国家科技进步都有重大的战略意义。曹均学也指出邓小平同志的技术教育思想是从科技发展的世界战略高度来展现其对劳动者了解和掌握技术知识、劳动技能的有效作用。①

五、研究中存在的问题与不足

从以上关于学界对技术教育思想相关成果的研究分析概述中可以看出，无论是对中西方技术教育思想的演进还是对马克思主义经典作家们的技术教育思想等相关研究都已相当充分，但是仍然存在许多薄弱环节，需要我们进一步展开和推进关于中国共产党的技术教育思想的研究，尤其是对当代技术教育事业的指导研究和完善我国的技术教育思想体系以摆脱我国"技术人才培养困境"，得以支撑我国完成产业转型升级迈进制造强国的相关研究。

第一，教育与生产劳动相结合是马克思主义的基本教育原理，体现在中国共产党的技术教育思想中便是理论与实践相联系的原则，通过技术实践实现培养技术人才的全面发展，特别是对核心技术的把握。有些学者将技术教育仅仅归为认知领域，忽视了技术教育思想中的实践内涵。

第二，马克思的技术教育思想是与关于人的全面发展学说相联系的，有学者提出当代技术教育思想的价值取向需要从"制器"转向"育人"。对技术教育思想的研究需要从提升技术人文素养的角度进行扩展论述，这方面的研究甚少，需要立足于技术对人的生存与发展的意义，即"人"的生成过程②深入研究。

第三，马克思主义教育家克鲁普斯卡雅丰富系统的技术教育思想既是对马克思主义技术教育思想的继承与发展，又与列宁的技术教育思想有相互促进的重要作用，对俄国的技术教育事业发展有深刻的指导意义。学界对其技

---

① 曹均学. 论邓小平职业技术教育思想 [J]. 中国电力教育，2008 (2)：37-38.
② 唐小俊. 生存论技术观视域下技术教育的价值选择 [J]. 职教论坛，2013 (4)：12-14.

术教育思想研究不足，特别是俄国十月革命之后关于"综合技术教育学校""妇女职业教育问题"的技术教育思想等。在学界对中国共产党的技术教育思想的研究也主要在于毛泽东、刘少奇、周恩来、邓小平等人的技术教育思想研究上，而对于江泽民、胡锦涛和习近平的技术教育思想也提及甚少。

第三节　研究方法、研究思路及创新之处

一、研究方法

历史唯物主义和辩证唯物主义是马克思主义哲学的两方面内容，本书在运用辩证唯物主义认识论时，正如"问题的提出本身已经表明应当向哪个方向去寻求解决问题的方法"①，和用历史唯物主义的角度观察问题，将问题置身于一定的历史条件下进行考量。再结合文献研究法、学科交叉法、比较研究法、宏观与微观相结合等具体方法，对中国共产党的技术教育思想做出深入的研究。

第一，文献研究法。首先对与中国共产党的技术教育思想有关的各方面文献进行搜集，包括互联网数据库的文献或是纸版书籍等，其次进一步鉴别文献的参考价值，再次对文献进行整理，最后对本研究形成全面与充分的认识。通过对研究对象相关的现有文献进行系统性的分析来获取论据信息。笔者注重对中国共产党技术教育思想的理论基础整理，这一方面涉及的相关资料文献较多，特别是需要对马克思主义经典作家的技术教育思想这一理论基础的相关文献资料进行整理之后发现其规律。

第二，学科交叉法。对中国共产党技术教育思想的研究不是一个单一学科研究范畴，在研究过程中，必定不能单一使用某一学科的理论和方法。本

---

① 马克思，恩格斯. 马克思恩格斯选集：第4卷［M］. 北京：人民出版社，2012：311.

书主要运用哲学、政治学、教育学、历史学等学科的方法，以期对研究对象做出全面整体的分析。

第三，比较研究法。比较研究法是依据一定的标准，对两个或两个以上有联系的研究对象进行相似性或相异程度的研究与判断，并寻找其中的规律。本研究对中国共产党的技术教育思想未来发展研究趋势采用了横向维度、纵向维度比较研究。

第四，宏观与微观相结合的方法。宏观研究是将中国共产党的技术教育思想作为一个整体来研究，使我们对中国共产党技术教育思想的历史演进和理论逻辑有一个总体的认识，而微观研究则是对技术教育思想的教学过程理论进行分析。

二、研究思路

本书以"中国共产党的技术教育思想"为研究对象，首先是从四方面对中国共产党技术教育思想的理论基础进行梳理，在此基础上考察了中国共产党技术教育思想的萌芽与确立、运用与发展和新发展的历史演进过程。其次从宏观、中观和微观三方面追问中国共产党技术教育思想的基本内容，再基于当前我国新经济常态下加快制造国建设，迫切需要摆脱"技术人才培养困境"的背景下，论述了中国共产党技术教育思想的理论意义和实践意义。最后在结语中对内容进行总结并从三方面分析了中国共产党的技术教育思想的发展趋势以及对构建完善的技术教育体系的启示。

三、创新之处

第一，在研究视角上，本书对中国共产党的技术教育思想进行研究，这一视角是学界研究的薄弱环节，学界对技术教育思想的研究大都只集中在马克思、列宁或毛泽东等某一个马克思主义者的技术教育思想上加以论述，对中国共产党的技术教育思想这么一个研究对象来说，显得非常零散。所以本书选择对其进行系统全面的研究不失为一个创新之处。

第二，在研究对象上，将中国共产党的技术教育思想作为一个整体进行研究，并对马克思主义关于人的全面发展学说的进一步丰富和发展，以及对综合技术教育思想、生产与教育相结合的教育原理等相关的理论基础进行了研究，与当前国家提出的"中国制造 2025"、传统制造业与信息技术的融合和重视追求具有"匠人精神"的发展实际情况相结合，为培养各类高素质技术人才提供科学的思想理论支撑，将技术教育思想从"制器"向"育人"转变。相比以往学界已有的研究中显得更为丰富多样的研究对象，也是本书的创新点之一。

第三，在研究内容上，从微观的角度在技术认识论的指导下对技术教学过程中技术认识主体与技术知识流动的关系进行研究，提出了在理论与实践相结合的教学过程中认识主体要与技术认识路径相契合的技术教学思想，深化了对马克思主义教育原理"教育与生产劳动相结合"的认识和运用，更是对中国共产党技术教育思想的丰富，增加了中国共产党的技术教学思想中关于技术教学过程从技术认识论对技术知识流动研究的内容。

第四节　概念界定

一、技术

技术是源于人对自然（或客观世界）的改造，载体包括物与人，习得技术知识和技能经验的目的可分为融入社会分工从事某项职业，也可以只是以获得某种生活技能为目的。

从词源上来看，希腊哲学传统中包含了丰富的关于技艺本质的讨论，在流行的古典文学技艺及其拉丁文的翻译中，来源于同一希腊语的"艺术"（art）、"工艺"（craft）或者"技能"（skill），也可以被称为在获得、制作或创造中的聪明和故弄玄虚，被称为特定行业、工艺品和多种技能。① 而据美国技术哲学家卡尔·米切姆（C. Mitcham）对技术的综合概念可知，"技术"的理解与界定，需要涉及技术人工物、技术知识、技术活动和作为意志的技术。② 对于技术的概念，查尔斯·辛格在《技术史》第一卷中也指出技术是为了达到一定的目的而采取相适应的行动、方法和工具，其中既可以指如何完成一件事情或者如何制作人工物，还可以把含义扩展到对其详细的描述。③ 技术可以涉及诸多方面，可以是以自然为对象，依据自身的目的对其进行改造所涉及的技术，也可以是与社会改造方面有关的技术④，但一般指生产技术。马克思在《资本论》中表明，按照重商经济学家的路线，将技术解释为关于指导生产过程的一门技术。⑤ 马克思在针对机器的概念而写的一段冗长的脚注中，从提出类似的"人类社会生产器官的发展史"，引出了一个他最著名的论断："技术揭示了人与自然的积极关系，他们生活的直接生产过程，以及他们的社会生活关系和流露出来的精神状态。"⑥

技术活动的变化实际上也体现了技术教育形式的演变。工匠的技术传统与学术传统分离，技术大多停留在简单的经验描述之上，通常以师傅带徒弟的言传身教的方式流传下来。构成技术教育主要内容的技术，是一个系列性统一的综合概念，既包括人们在使用各种器具、机械、装置、设施等时应用的技术手段，还包括将那些自然材料加工制造成符合一定目的要求的产品的

---

① 安东尼·梅杰斯. 爱思唯尔科学哲学手册：技术与工程科学哲学 [M]. 张培富，等译. 北京：北京师范大学出版社，2015：37.
② 卡尔·米切姆. 通过技术思考：工程与哲学之间的道路 [M]. 陈凡，朱春艳，译. 沈阳：辽宁人民出版社，2008：201.
③ 查尔斯·辛格. 技术史第一卷：远古至古代帝国衰落 [M]. 王前，孙希忠，译. 上海：上海科技教育出版社，2004：1-2.
④ 细谷俊夫. 技术教育概论 [M]. 肇永和，王立精，译. 北京：清华大学出版社，1984：4-5.
⑤ 安东尼·梅杰斯. 爱思唯尔科学哲学手册：技术与工程科学哲学 [M]. 张培富，等译. 北京：北京师范大学出版社，2015：61.
⑥ 安东尼·梅杰斯. 爱思唯尔科学哲学手册：技术与工程科学哲学 [M]. 张培富，等译. 北京：北京师范大学出版社，2015：60.

方法以及相应的人的能力即技能等方面。① 在马克思主义的"综合技术教育思想"和"生产与教育相结合"的教育原理的指导下，在技术教育的过程中应该淡化某一职业色彩，强化在某职业域中的宽技术基础，才能成为适应"劳动变换、职能更动和全面流动"的现代工人。

二、技术教育

技术教育是本书需要厘清的核心概念，虽然学界在使用这一概念时，较少对此概念进行界定，甚至多与职业教育等其他相似概念混淆使用，但也有对"技术教育"的概念做出一些比较有代表性的界定。

其中最经典且具有代表性的是马克思提出的技术教育概念，指出技术教育是以儿童与少年为对象，培养他们对"生产过程的基本原理"与"简单生产工具"的了解与运用。② 而英国著名教育家怀特海将技术教育看作与物质生产相关的一种以技术知识为主的技能方面的训练。这种训练强调手工技能、手和眼的协调能力以及在控制生产过程中的决断能力，而这种决断能力体现在产品的制作过程中对自然变化过程知识的运用。③ 方鸿志在其博士学位论文中界定技术教育是一种实践活动，是以技术知识、实践技能为技术教育的主要内容，以技术为逻辑线索探讨其对社会的影响，具有提升社会整体技能力的作用。④ 从协会组织对技术教育做出的定义来看，以国际技术教育协会为例，其认为技术教育是以全体学生作为教育对象，而且是在学校开设的科目，技术教育的目标在于让学生了解技术与人造世界是如何对生活产生影响的⑤，其目的在于能够使学习者知道技术的发展、体系、工艺、应用和社会与文化的意义。国际技术教育协会关于技术教育的内容和价值取向已经从知识和技

---

① 细谷俊夫. 技术教育概论 [M]. 肇永和，王立精，译. 北京：清华大学出版社，1984：5.
② 中共中央马克思恩格斯列宁斯大林著作编译局. 马克思恩格斯全集：第 16 卷 [M]. 北京：人民出版社，1964：216-218.
③ 怀特海. 教育的目的 [M]. 庄莲平，王立中，译. 上海：文汇出版社，2012：66.
④ 方鸿志. 技术教育的历史与逻辑探析 [D]. 沈阳：东北大学，2009.
⑤ 方鸿志，陈红兵，陈凡. 技术教育概念辨析 [J]. 社会科学辑刊，2007 (4)：50-54.

能向技术素养转变，培养学生拥有使用、管理、评价和理解技术的能力。在《中国百科大辞典》中将"技术教育"的培养目标解释为使受教育者除了能够对与生产相关的"技术知识与技术能力"有所掌握之外还要培养形成自身的劳动、技能观点与习惯。南京师范大学教育系主编的《教育学》中对"技术教育"的解释也是培养获得与生产有关的技术知识与实践技能，强调了实践活动这一教学方式的重要作用，以实际操作来培养学生的生产知识技能。①

从以上对技术教育的内涵的各种解释我们可以看出普通文化课程、技术理论与实践操作活动都是技术教育的重要教学方式。对技术教育进行研究，实际上就是对人类文明浩繁而复杂的技术知识的产生方式进行长远的考察。随着技术活动不断变化，技术教育的内涵也不断发生迁移演变，但是时至今日其内涵始终与"技术"有关、与"理论和实践"有关。技术教育传授的内容以技术知识为主而并非只有技术知识，还有掌握自然变化过程的知识和生产过程的基本原理，除了获得运用生产工具或制作技术人工物的技能之外，还要获得追求"工匠精神"的技术素养。技术教育形态包括全日制与非全日制教育系统中的技术教育形式，体现在职业技术教育、岗位培训、在职训练等。

总的来说，技术教育与"技术"有关、与"理论和实践"有关，而技术具有目的性，那么技术教育也具有意向性。根据技术教育的意向性不同，一般有两方面的目的，一方面是以职业岗位为导向，为了满足职业的需求，取得一定的职业资格而开展的技术教育，一般以职业教育的形态存在；另一方面是以习得某种技术能力为导向，与职业岗位无关的一般劳动技能教育，例如，在中小学中开设的劳动技术课，学习木工、钳工、烹饪、编织等不是为了获得某种职业资格，不具有职业的针对性，但其目的是培养学生的劳动观念、劳动习惯，使学生学会一些劳动技能。其他非为谋职需要而学习的技术，如家庭主妇学烹饪、退休老人为休闲需要学园艺也应属于一般的劳动技能

---

① 南京师范大学教育系．教育学［M］．北京：人民教育出版社，1984：370．

教育。

　　本书中对技术教育的界定包括上述两方面，既包括与职业有关的职业教育、职业技术教育，又包括与劳动技能有关的一般技术教育，与实践相联系并以传授技术知识为主，培养熟悉事物的自然变化过程和生产过程的基本原理，获得设计、改造或制作、使用技术人工物的技能，以及具有"工匠精神"和"人文精神"的技术素养的劳动者。技术教育是建立在技术教育应包含普通教育理论的科学、技术学科的学习、相关技能训练三方面的基础上，辅之依托不同组织形式的教育实践活动进行阐述的。技术教育既是对世界级的科技大师、科技领军人才等核心技术人才的培养，又是对工程技术人才、一般技术工人的教育。技术教育是人们获取一定的资格与能力以期在社会上承担一定责任的前提条件、可能性与现实性，帮助人们获得对实施以职业形式组织的工作过程有意义的专业资格，是满足人格的和社会的观点与态度所要求的条件、过程和结果。

三、技术教育思想

　　思想能够对实践进行指导，实践又能促进思想的变革和丰富。那么对技术教育思想的分析自然离不开对技术教育实践活动的考察。对技术教育思想的分析既要以我国的技术教育的发展现实为对象进行阐述，又需要通过理论思维从总体上来把握中国共产党技术教育思想的内涵。从理论层面来分析中国共产党的技术教育思想，其内涵可以通过技术教育观、技术教育发展理念和技术教育具体实践活动理论三方面体现出来。

　　技术教育观方面，主要体现在依照合理的技术教育思想认识框架，并且从本体论上进行分析，比如说对技术教育本质的认识、技术教学活动规律等。对技术教学活动规律的把握、对技术教育本质内涵的分析都是研究技术教育思想的重要方面，也能够有效地指导技术教育事业的开展。

　　技术教育发展理念方面，其形成有赖于技术教育观的支撑，同时要对技术教育实践有着方向性的引导。对技术教育所要达到的目标设想和对未来技术教育的发展规划等，广泛地体现在技术教育方针和政策上，比如，各级各类技术学校的培养方针、技术人才的培养目标、国家的技术教育政策文件等，都属于技术教育发展理念这一方面的内容，都是影响着技术教育实践的走向和科学性的技术教育思想。

技术教育具体教学实践活动理论方面，主要体现在技术主体的行为中，和具体的技术实践过程直接相关，主要体现在对技术教育主体的行为科学规律性进行的论述，比如，技术教学认识路径理论、技术主体间的技术知识流动规律等理论都属于技术教育思想的主要内容。

我国技术教育事业的发展与改革，是在中国共产党的技术教育思想的指导下不断前进的。一方面是我国的技术教育事业的改革与发展是以马克思主义技术教育思想为指导，是马克思主义技术教育思想在中国的具体化、民族化，与中国技术教育改革与发展的具体实际相结合的过程，从而逐步形成中国共产党的技术教育思想；另一方面是在马克思主义技术教育思想的指导下，中国共产党人根据不同时期的现实情况制定了具体的方针、政策和措施，推动了技术教育实践的发展，在我国的技术教育建设中的具体实践和成果又被概括和提升，转化成中国马克思主义技术教育思想，成为指导我国技术教育事业建设、改革和发展的指导思想。

本章小结

本章首先围绕"技术人才培养困境"的问题，具体化在"核心技术人才的自主创新能力不足""工程师的工程伦理困境"和"技术工人的素质低下"等技术人才的现实难题中，并凸显了中国共产党领导人对核心技术人才、工程师、技术工人队伍培养现状的关切，概述了研究的背景和必要性。

本章中阐述了技术教育研究的理论意义和实践意义。在理论方面，主要是系统地对中国共产党的技术教育思想理论基础、演进过程、基本内容的构建和技术教育思想的理论与实践意义做出充分的研究，并提炼出有利于丰富和深化马克思主义技术教育思想的关于人的劳动能力全面发展的观点、多种形式丰富理论与实践相结合的思想、技术知识流动规律的中国共产党的技术教学思想、人文素养与工匠精神的融入等。在实践方面，主要是摆脱"技术人才培养困境"，在实践中指导技术教育事业发展的价值取向从"制器"提升到"育人"的高度，培养具有人文技术素养和"工匠精神"的各类技术人才，为我国成为制造强国，实现创新驱动提供技术人才保障。

在文献综述方面，主要介绍了关于技术教育思想内涵的研究现状、中西方技术教育思想的历史演进研究情况、国内学者对经典马克思主义技术教育思想的研究现状和中国共产党领导人的技术教育思想研究现状，并在研究过程中对一些与本研究关系密切的观点提出了自己的看法，点明当今学者在对中国化马克思主义技术教育思想直接研究方面或是间接研究中取得的成果和不足之处，为本研究提供了理论参照性和指导意义。

此外，本章中还梳理了中国共产党的技术教育思想的研究思路、研究方法、创新点、关键概念的界定（如技术、技术教育、技术教育思想）等诸多方面，为后文奠定了研究基础。

第二章

中国共产党技术教育思想的理论基础

教育除了旨在完成社会变革的进步功能外，还有传递文化、使年青一代获得生存技艺、充满当代价值观的社会力量的传统作用。技术教育也不例外，旨在传授技术知识，并给人们以科学方法训练的实践活动。社会实践活动的背后往往有一定的理论做指导，同时社会实践又催生理论的发展与更新。我国技术教育事业的发展离不开中国共产党技术教育思想的指导。中国共产党技术教育思想的理论基础离不开对马克思恩格斯关于技术教育的思想理论、列宁的技术教育思想、克鲁普斯卡雅的技术教育思想和中国传统文化中的技术教育思想的沿袭和发展。

第一节　马克思恩格斯关于技术教育的思想理论

不同的生产力水平，不同的社会生产发展阶段，对于劳动力素质的要求是不同的，那么培养劳动力的过程和方式也是不一样的。正如马克思所强调的"正确的教育制度"和"社会条件的改变"是互为条件的，因此我们要从现实情况出发。[①] 而现实的情况是现代工业大生产能让工人的职能、劳动过程的社会结合发生变革，这些都源于与生产相关的技术基础，且通过了"机器、

---

① 中共中央马克思恩格斯列宁斯大林著作编译局. 马克思恩格斯全集：第 16 卷 [M]. 北京：人民出版社，1964：654.

化学过程和其他方法"。① 所以我们的技术教育也应从承认劳动的变换、职能的更动和工人的全面流动性出发来考虑培养可供随意支配的全面发展的个人来代替只是承担某种局部职能的片面发展的个人。②

一、对空想社会学家技术教育思想的批判继承

最早将劳动技术教育提到与其他教育同等位置的是 16 世纪的英国空想社会主义者托马斯·莫尔，他对每个年轻人都提出要接受农业劳动和手工劳动的要求。19 世纪初产业革命后英国空想社会主义学家欧文提出要培养全面发展的新一代劳动者，需要通过教育与生产劳动相结合的形式来实现，而且欧文第一次提出了将工业劳动这一具体类别归入劳动技术教育。欧文认为，当时社会制度下劳动阶级中脑力与体力分工划分得十分细致，而在合理的社会中，要能够确保劳动工人"脑力与体力广泛相结合"，职业也不再局限于适合具有某些劳动能力的人。甚至欧文预言："知识的成就要求培养智、德、体、行全面发展的有理性的男男女女的时期就要来到了。"③

马克思批判地继承并发扬了欧文等思想家的理论，深刻地认识到在大工业生产背景下，具有全面劳动能力的人比只有局部劳动能力的人更能满足工业的本性需求。④ 恩格斯在《共产主义原理》中回答"最终废除私有制将产生什么结果"这一问题时，谈到了社会生产管理需要才能以得到全面发展，通晓整个生产系统的人，而生产分工使每一个人只熟悉整个生产过程中"某个部门"或"某个部门的某个部分"，自身才能的发展也出现了只擅长某一方面的情况，无法实现各方面才能的发展。⑤ 恩格斯接着指出通过教育可以使青

---

① 马克思. 资本论：第 1 卷 [M]. 北京：人民出版社，1975：533-534.
② 纪芝信. 职业技术教育学 [M]. 福州：福建教育出版社，2006：32.
③ 汪盐. 综合技术教育思想的产生与发展 [J]. 吉林工程技术师范学院学报（教育研究版），2003（8）：17-20.
④ 肖川. 列宁综合技术教育思想及其指导意义 [J]. 黑龙江高教研究，1991（3）：11-16.
⑤ 马克思，恩格斯. 马克思恩格斯选集：第 1 卷 [M]. 北京：人民出版社，2012：307-308.

年劳动者最终摆脱这种分工带来的才能片面性的困境，"教育将使年轻人能够很快熟悉整个生产系统，将使他们能够根据社会需要或者他们自己的爱好，轮流从一个生产部门转到另一个生产部门"①。恩格斯在《反杜林论》中提到傅立叶和欧文两个人在理论与实践中都要求每位劳动者能够满足职能的变动，进行的技术活动尽量全面，力求在全面的实践活动中劳动者能够得到尽可能全面的才能发展，同时"劳动应当重新获得它由于分工而丧失的那种吸引人的力量"②，认为造就出懂得整个工业生产并阅历过一系列生产部门的劳动者将为这个社会创造出新的生产力。马克思认为未来的教育发展必然会以"生产劳动"与"智育、体育相结合"为基础，因为这是"提高社会生产""造就全面发展的人"的方法，且马克思把这一方法对于"造就全面发展的人"确立了唯一性。③

在此基础上马克思通过分析现代的生产、科学以及生产劳动与教育的本质科学概括了关于综合技术教育的思想。马克思强调技术教育的重要性，且将其与智育、体育一起组成教育的三个部分。马克思和恩格斯认为社会不合理分工、脑力劳动与体力劳动的对立导致了人发展的片面性，但这些都具有一定的历史局限性。在大工业生产的背景下，更需要劳动能力全面发展的个人来取代只能承担某部分劳动职能的个人，这是由工业的本性决定的，必然会出现对劳动职能可变动、工人可全面流动的需求。在大工业生产发展的趋势与资本主义生产资料私人占有制之间不可调和的矛盾下，马克思认为劳动工人不仅自身要争取做到教育与生产劳动相结合，还要为后代争取既能劳动又能接受智育、体育与技术教育的机会。马克思认为技术教育就是对"生产

---

① 马克思，恩格斯. 马克思恩格斯选集：第 1 卷 ［M］. 北京：人民出版社，2012：307-308.

② 马克思，恩格斯. 马克思恩格斯选集：第 3 卷 ［M］. 北京：人民出版社，1972：330-333.

③ 中共中央马克思恩格斯列宁斯大林著作编译局. 马克思恩格斯全集：第 23 卷 ［M］. 北京：人民出版社，1972：530.

基本原理"的了解与"生产最简单工具"的运用①，故而技术教育能够促使儿童、少年掌握系统的生产基本原理和熟练运用生产工具，成为满足社会化大生产对劳动能力全面发展要求的新一代劳动者。

二、关于劳动能力全面发展的技术教育思想

马克思关于劳动能力全面发展的技术教育思想主要是源于对现代化大生产的考察得出的对职能更动与全面流动性的必然趋势要求，这一思想是马克思主义技术教育思想中的重要部分。

综合技术教育的概念和具体内容在马克思和恩格斯的许多著作中都有非常全面的论述，技术教育与综合技术教育均体现在这些著作中，尽管表达不一样，但其含义是一致的。马克思经过对机器大工业社会的考察，认识到社会大生产要求实现劳动变换、工人的职能可以随时更动而且可以全面流动的局面，但这些又与机器生产中人的发展片面性存在不可调和的矛盾。马克思在给参加 1866 年 9 月 3 日至 8 日在日内瓦举行的国际工人协会第一次代表会议上的伦敦代表写的《给临时中央委员会代表的关于几个问题的指示》中指出将教育理解为智育、体育和技术教育三类。其中强调技术教育是培养儿童与少年具备对"生产基本原理"的了解，对"生产工具"的运用能力的教育。② 换言之，"有关工艺和各种生产工具的实际操作教育"也是马克思有关综合技术教育的重点所在。

从上文马克思对综合技术教育的定义，我们可知，综合技术教育和普通教育具有一致性，要求儿童和少年在基础教育阶段时就要进行学习，并且是在儿童和少年掌握科学文化的基础知识的同时，掌握现代生产过程的一般原理和基本技能。虽然强调在基础教育阶段就要开始学习，但是对于儿童与少

---

① 中共中央马克思恩格斯列宁斯大林著作编译局. 马克思恩格斯全集：第 16 卷［M］. 北京：人民出版社，1964：216-218.

② 中共中央马克思恩格斯列宁斯大林著作编译局. 马克思恩格斯全集：第 16 卷［M］. 北京：人民出版社，1964：216-218.

年培养全面发展的劳动能力，也需要在不同的年龄一步一步地接受智育、体育与技术教育课程的学习。① 马克思的综合技术教育思想是教育思想的重要组成部分，不仅对实现人的全面发展有重要的引导作用，而且是提高社会生产力的重要方法。②

社会生产发展与社会分工缺陷之间的矛盾，滋生了对社会新型劳动者的需求，正如我们要对社会生产资料进行占有并使用，需要大量的有技术素养的人才。③ 马克思认为人的劳动能力正如工人的技能，需要通过使用本身发展起来，且会随着分工的发展而变得越发迅速。④ 马克思还提出要对儿童与少年的劳动时间与学习时间之间的比例做出强制性的规定，确保教育与生产劳动可以结合起来，这在一定程度上解放了童工，将童工部分时间从工业劳动中解放出来，并获得受教育的权利。

在《资本论》中马克思指出现代工业的大机器生产，使得劳动者的职业与劳动的社会结合不断地发生变革，这依赖于技术基础的变革。同时现代大工业又不断地把劳动者从一个生产部门投到另一个生产部门，使得已有的分工发生变革，从而大工业的资本主义形式又再出现了旧的分工及其固定化的专业。⑤ 而马克思在关于现代社会普及教育的发言中提到综合技术教育旨在"弥补分工所造成的缺陷"，这种缺陷会导致学徒无法正常获得本身业务的牢固知识。⑥ 这种分工造成的缺陷，妨碍了劳动变换的自然规律，但是当这个自

---

① 中共中央马克思恩格斯列宁斯大林著作编译局. 马克思恩格斯全集：第 16 卷 [M]. 北京：人民出版社，1964：216-218.

② 金波. 谈谈卢梭的综合技术教育思想：学习《爱弥儿》体会之二 [J]. 史学月刊，1986 (1)：88-92.

③ 中共中央马克思恩格斯列宁斯大林著作编译局. 马克思恩格斯全集：第 38 卷 [M]. 北京：人民出版社，1972：187.

④ 中共中央马克思恩格斯列宁斯大林著作编译局. 马克思恩格斯全集：第 48 卷 [M]. 北京：人民出版社，1985：430-431.

⑤ 中共中央马克思恩格斯列宁斯大林著作编译局. 马克思恩格斯全集：第 23 卷 [M]. 北京：人民出版社，1972：530.

⑥ 中共中央马克思恩格斯列宁斯大林著作编译局. 马克思恩格斯全集：第 16 卷 [M]. 北京：人民出版社，1964：655.

然规律遇到障碍时就会盲目清除障碍,为自己开辟道路。① 换句话说,是大工业社会迫使劳动能力全面发展的个人来取代只承担局部社会生产职能的劳动者。

三、技术教育思想中体现了教育与生产劳动相结合的理论

从上文的分析我们确信马克思恩格斯的技术教育思想是在机器大工业生产发展的趋势下提出的,并且是为了解决对人的劳动能力全面发展的要求与社会分工所造成的人的能力发展片面性之间的矛盾。那么,在具体的技术教育实践中,马克思提出要用与机器运作相关的科学技术知识、生产的基本原理的认识与生产工具技能的运用作为青少年一代接受技术教育的主要内容。所以,接受过技术教育且具有一定技术素养的劳动者,能够更好地了解与运用生产原理和工具,也就在生产过程中能够更好地理解、使用各种机器。而能够适应大工业技术基础的变革性的劳动者也需要具备综合技术能力和基本的生产转换能力。

马克思认为工人阶级一旦争取到政权之后,就在人民的学校中实行实践的和理论的工艺教育。这不同于资产阶级为了顺应现代生产发展的趋势而创办的工农科学校和做出些许让步的职业教育。② 现代工业体现了技术基础的变革性,决定了现代劳动者必须是先天和后天的能力都得到全面发展,而且现代大生产对效率的高要求,使得小作坊里学徒制中边劳动边学习的形式已不再具有普遍性,现代学校的出现为综合技术教育的实践提供了可能性。马克

---

① 一个法国工人从旧金山回来后这样写道:"我从来没有想到,我在加利福尼亚竟能够干各种职业。我原来确信,除了印刷业外,我什么也干不了……可是,一旦处在这个换手艺比换衬衫还要容易的冒险家世界中,实际上,我也就和别人一样干了。由于矿山劳动的收入不多,我就抛弃了这个职业到城里去,在那里我先后做过印刷工人、屋面工人、铸铅工人等。因为有了适合做任何工作的经验,我觉得自己不再像一个软动物而更像一个人了。"

② 中共中央马克思恩格斯列宁斯大林著作编译局. 马克思恩格斯全集:第16卷 [M]. 北京:人民出版社,1964:530.

思对这些现代工人学校的实践进行了诸多技术教育思想的指导，技术教育思想指导下的工人学校不是一般的职业训练机构，而是以普通教育和综合技术教育相结合的方式来培养儿童和少年综合技术视野和进行职业变换的能力。而工人学校的状况，对当时的英国甚至整个欧洲大陆来说，情况很不理想。恩格斯在给哥尔布诺娃的信中指出当时英国甚至欧洲大陆技工学校的糟糕情况，指明不仅各种技术学校和技工学校甚至普通学校都很少涉及综合技术教育。①

综合技术教育的内容包括作为现代化大生产所需的科学基础知识和简单工具技能知识，还有关于现代生产的管理知识、科学技术和工业发展史的知识等。② 马克思提出，综合技术教育要通过科学和工艺技术课程的教学活动与生产劳动和其他劳动相结合的途径来掌握其知识与技能。恩格斯在 1880 年致哥尔布诺娃的信中提出了关于实现技术教育目的的思想理论，就是通过一些富有生命力且经营得当合理的工业部门，让儿童或少年在进入工业部门之前先接受普通的技术训练，从而在其他工业部门中呈现出较大的流动性，并可以轻易地流转。③

这种技术教育的形式不同于单一的学徒制技术教育、职业技术教育和普通教育。但综合技术教育在熟练技术和操作工具技能的劳动力培养目标上，与学徒制技术教育和职业技术教育既有一致性又有特殊之处。比如，综合技术教育在对教育对象施行自然科学和数学基础知识教育方面和普通教育具有一致性，其特殊性表现为前者注重"通晓整个生产体系"和"普通技术训练"。④ 这种既联系又区别的关系使得现代社会能够真正解决现代大工业生产

---

① 陶静. 略论马克思主义的综合技术教育理论［J］. 中南民族大学学报（人文社会科学版），2005（5）：300-301.

② 陶静. 略论马克思主义的综合技术教育理论［J］. 中南民族大学学报（人文社会科学版），2005（5）：300-301.

③ 中共中央马克思恩格斯列宁斯大林著作编译局. 马克思恩格斯全集：第34卷［M］. 北京：人民出版社，1972：428.

④ 程敬宝. 综合技术教育的功能与现代教育改革：兼论马克思主义综合技术教育思想的伟大意义［J］. 现代中小学教育，1988（3）：13-18.

条件下培养全面发展的劳动力的重大问题。这对于"造就全面发展的人"有一定的功能意义，因为能够适应不断"劳动变换、职能更动和全面流动"的现代工人，在一定程度上就是一个体力和智力得到全面发展的人。① 而无论是工艺学校、农业学校还是职业学校都是适应社会发展的变革"要素"，也是进行现代技术教育的开端，都体现了"将教育和工厂劳动结合起来"的必然趋势。②

马克思在谈到工艺学校、农业学校和职业学校时，提到这些学校在进行教育实践时，能够给予工人子女有关工艺与生产工具的实际操作技能训练。对比一下，可以看出，"一些有关工艺"同"生产各个过程的基本原理"，虽然有着程度、范围上的差别，但基本上都属于技术教育的范畴。在资本主义社会，由职业学校所进行的现代职业技术教育，是在现代大生产的基础上给予学生从事某种职业或某种生产劳动所需要的知识和技能的教育。为了适应现代生产技术等方面不断变革引起的对劳动变换、职能更动和工人全面流动的要求，从而要求劳动者要克服个人能力发展的片面性，具备全面发展的劳动能力。显然职业技术教育还必须不断拓宽生产过程的基本原理和基本技能的教育，使之更加具有综合性。③

综上所述，马克思恩格斯的技术教育思想是培养全面发展新人的一种"全面教育"思想，即劳动能力全面发展的教育思想，并肯定和坚持了"教育与生产劳动相结合"的理论在技术教育思想中的运用。恩格斯在批判杜林的教育观点时，曾提出全面发展的教育内容应该包括技术教育在内，与智育、德育、体育等相联系，从而保证受教育者能够接受到更多方面的"技术训练"与"科学教育实践"。④ 正如马克思在《资本论》中所强调的，这既是提高社会生产的方法，也是培养全面发展新人的方法。显然，属于这一范畴的中国

---

① 程敬宝. 综合技术教育的功能与现代教育改革：兼论马克思主义综合技术教育思想的伟大意义［J］. 现代中小学教育，1988（3）：13-18.

② 马克思，恩格斯. 马克思恩格斯选集：第1卷［M］. 北京：人民出版社，1979：220.

③ 纪芝信. 职业技术教育学［M］. 福州：福建教育出版社，2006：31-35.

④ 马克思，恩格斯. 马克思恩格斯选集：第1卷［M］. 北京：人民出版社，1979：360.

特色社会主义技术教育思想，也应该明确把培养全面发展的新人作为本质特征。

第二节　列宁的技术教育思想

列宁在 1897 年《民粹主义空想计划的典型》中强调了教育与生产劳动之间结合的重要性，提出两者之间不可偏离任何一个，否则都无法达到现代技术水平与科学知识现状所要求的高度。① 可以看出，列宁继承和发展了马克思、恩格斯的技术教育思想，并在实践中运用和强调其中的教育与生产劳动相结合的基本原则，把综合技术教育当作促进人的全面发展和实现共产主义的条件。

一、关于将技术教育的内容反映到党纲的思想

1917 年 11 月，俄国的无产阶级和广大人民群众在列宁和布尔什维克的领导下，推翻资产阶级的反动统治，建立了无产阶级专政的苏维埃政权。列宁面对社会恢复生产的过程中出现的缺乏科技人才的问题，根据俄国经济社会发展的现状和在苏维埃政权下学校教育的性质，针对当时苏联的社会主义学校提出了一系列的综合技术教育思想和实践措施。

列宁制定了综合教育的具体措施，把实施综合技术教育作为巩固无产阶级专政，培养全面发展的人的根本措施之一。1919 年列宁把 1903 年旧党纲中"对未满十六岁的男女儿童一律实行免费的义务的普通教育与职业教育"改为"对未满十六岁的男女儿童一律实行免费的义务的普通教育和综合技术教育（从理论上和实践上熟悉各主要生产部门）"②，并且在《俄共（布）党纲草

---

① 列宁. 列宁全集：第 2 卷 [M]. 北京：人民出版社，1984：461-463.
② 列宁. 列宁全集：第 36 卷 [M]. 北京：人民出版社，1985：106.

案》中明确规定，强调"把教育和儿童的社会生产劳动紧密结合起来"①。

1920 年年底苏联全面转入国民经济建设的新阶段，急需培养和造就大批的社会主义建设人才，确保他们真正掌握生产过程的基本原理和拥有解决实际问题的本领。列宁在《中央委员会给教育人民委员部党员工作者的指示》中强调无条件地普遍地实行职业教育与普及综合技术教育的结合，用党中央的指示指令教育部门实施综合技术教育，把综合技术教育置于党的监督和领导之下，保证综合技术教育的贯彻执行。

列宁要求全党站在党的立场和执行党纲的高度，充分贯彻落实综合技术教育的指示，并在 1920 年年底对娜·康·克鲁普斯卡雅关于综合技术教育的提纲写了《论综合技术教育》的评述，在理论和实践上都发展了马克思主义的关于综合技术教育思想。该文中对马克思关于使儿童和少年了解一切生产过程的技术教育思想有了新发展，指出第二级学校应该培养 12~17 岁的学生成为"完全精通本行业务的专家"，他们应该"具有广博的普通知识"，"具有综合技术的见识和综合技术教育的基本（初步）知识"，具有成为共产主义者的知识。② 1920 年《在全俄苏维埃第八次代表大会上关于对外对内政策的报告的提纲》中指出在所有的学校里，要以"综合技术教育+为劳动做全面准备"③ 为纲领。《俄共（布）中央全会关于改组教育人民委员部的决定草案》规定：一方面，必须在职业技术学校里增加普通教育课程和共产主义教育课程；另一方面，可利用任何电站和任何合适的工厂以保证立即在实际上转到综合技术教育。在这两个条件的前提下我们可以把第二级学校（或其高年级）的教育同职业技术教育结合起来。④

---

① 列宁. 列宁全集：第 36 卷［M］. 北京：人民出版社，1985：106.
② 克鲁普斯卡雅. 克鲁普斯卡雅教育文选：下卷［M］. 王道治，译. 北京：人民教育出版社，1988：106-114.
③ 列宁. 列宁全集：第 40 卷［M］. 北京：人民出版社，1986：394.
④ 列宁. 列宁全集：第 40 卷［M］. 北京：人民出版社，1986：89.

二、关于反对过早专业化的技术教育思想

面对苏联当时处于国民经济恢复时期，列宁提出经济的发展需要细木工、钳工等劳动者，而这些劳动者应当同时具备普通知识与综合技术知识。在第二级学校的高年级中要培养精通本行业务、能够胜任工匠并受过这方面实际训练且具有广泛普通知识、能成为共产主义者和具有综合技术见识的"手艺人"。①

列宁进一步采取一系列措施将综合技术教育思想付诸实践，并将原有教育体制中的第二级学校与职业技术学校合并成职业学校。列宁为了避免过早专业化，防止合并之后的职业学校成了"手工匠"学校，制定了相关的措施。首先，在职业学校里要扩大普通学科的范围，开设其他非技术类的课程，如共产主义、革命史、地理、文学等。其次，为了实践综合技术教育思想，列宁在技术实践中制定了一些有效的措施，学校要同俄罗斯国家电力化委员会合作，让学生参观附近的电站、办得不错的国有农场和工厂，以便使学生了解生产过程的一般原理；学生了解的生产过程各部门的知识，主要是指电气、机械、化工的一般原理，这样便于工人从一个生产体系转到另一个体系，可避免把工人束缚于一个工种或一个生产部门。学生要在电站做一些有关于电力的实习作业，培养学生关于电力化的实际操作能力；动员全体工程师、农艺师、大学数理系的毕业生做关于电力和综合技术教育的讲演；举办关于综合技术教育的小型展览；制定供参观、讲演、实习作业的大纲。所有的这些保证了学生获得生产过程的基本原理和使用最简单的工具的技能。

列宁在施行综合技术教育实践的有关措施时，提出了避免过早专业化的诸多指导思想。列宁提出了关于第二级学校教育同职业技术教育结合起来的两个前提条件，以及提出为避免第二级学校改造之后变成手艺学校，提出了三个明确规定。1920 年 12 月初，列宁在为俄共（布）中央全会起草的《关

---

① 列宁. 列宁全集：第 40 卷［M］. 北京：人民出版社，1986：225-227.

于改组教育人民委员部的决议草案》中，便明确提出："把第二级学校（相当于高级中学，招收 13~17 岁少年，学习年限为 4 年）（或其高年级）教育同职业技术教育结合起来，原则上是必要的，但必须具备下列两个条件：（1）必须在职业技术学校里增加普通教育课程和共产主义教育课程；（2）保证立即在实际上过渡到综合技术教育，为此，可利用任何电站任何合适的工厂。"① 同年 12 月底，本着既要坚持综合技术教育的原则，又要从现实的情况出发的精神，列宁在克鲁普斯卡雅为党的会议所准备的一份报告提纲上，提出要迅速并不附加条件地将原有的第二级学校与职业技术学校合并且改为职业技术学校。同时，为了不使职业技术学校变成手艺学校，列宁还指出需要做到以下三点：（1）避免过早专业化；（2）在所有的职业技术学校里增加普通课程；（3）立即向综合技术教育过渡，也就是要立即采取许多马上就能做到的走向综合技术教育的步骤，而且规定为必须绝对执行的任务。② 列宁除了明确提出职业技术学校改革的三条指导原则外，还从培养劳动能力全面发展的技术教育目的出发，强调职业技术学校培养"完全精通本行业务"的"行家"任务，这样的"行家"需要具备三方面的基本素质：要有广泛的普通知识、成为共产主义者、具有综合技术眼界和综合技术教育基本知识。③ 毫无疑问，这些主张具体地概括了列宁的技术教育思想的主要内容。这对于我们如何依据马克思主义的教育理论，从我国社会主义初级阶段的实际出发，创造性地办好社会主义的职业技术教育，有着重要的借鉴作用与思想指导意义。④

我们可将以上列宁丰富的综合技术教育思想进行概括，列宁把综合技术教育提高到党纲的高度，提高到人全面发展的条件，创造性地发展了马克思的技术教育思想，在世界上第一个社会主义国家着手实施技术教育。⑤ 列宁提出"把第二级学校改为职业技术学校"，反对过早专业化，强调不可将综合技

① 列宁. 列宁教育文集［M］. 北京：人民出版社，1986：190.
② 列宁. 列宁教育文集［M］. 北京：人民出版社，1986：205-207.
③ 列宁. 列宁教育文集［M］. 北京：人民出版社，1986：205-207.
④ 纪芝信. 职业技术教育学［M］. 福州：福建教育出版社，2006：37-39.
⑤ 列宁使用的是马克思提出的"综合技术教育"这一名称。

术教育所涉及的内涵概念与职业教育的内容相等同，综合技术教育的内容是与现代化大生产有关的知识与技能，与手工业生产的知识和技能相区别，指现代大工业生产所要求的基本知识原理和技能。另外，列宁注重培养具有综合技术素养的"手工匠"，注重培养劳动者具有共产主义理想，并且把综合技术教育多次列入党纲，结合苏维埃当时的实际情况，看到了大工业发展对新型劳动者的需求和人全面发展的必要性，科学地将方向性和现实性结合起来。[1] 正如 1920 年列宁在《共产主义运动中的"左派"幼稚病》中提到共产主义经过许多岁月之后能够消灭人与人之间的分工，并且能够教育、训练和培养出全面发展的和受到全面训练的人，即会做一切工作的人。[2]

第三节　克鲁普斯卡雅的技术教育思想

克鲁普斯卡雅是苏联著名的革命活动家、马克思主义者和最早的马克思主义教育家之一，是列宁的夫人和战友。克鲁普斯卡雅以马克思列宁主义作为教育理论探索和教育实践的方针指南，其教育活动与革命活动有着密切的关系。克鲁普斯卡雅的综合技术教育思想是对马克思和恩格斯的综合技术教育思想的继承和发展，与列宁的综合技术教育思想相互补充与促进。要完整地了解和阐述列宁的技术教育思想，就必须对克鲁普斯卡雅的技术教育思想进行论述和分析。克鲁普斯卡雅强调马克思认为吸引儿童和青少年参加社会生产劳动是进步现象，教育与生产劳动结合是提高社会生产和改造社会的有力手段，是造就全面发展的人的唯一方法。克鲁普斯卡雅认为马克思和恩格斯在这方面的主要功绩是指出了综合技术教育思想和工业发展要求的密切联系，而且两者之间的这种结合会为脑力与体力的均衡发展创造必要的条件。20 世纪初，克鲁普斯卡雅系统地研究了综合技术教育思想的系统理论，缜密

---

① 肖川. 列宁综合技术教育思想及其指导意义 [J]. 黑龙江高教研究，1991 (3)：11-16.

② 列宁. 列宁全集：第 39 卷 [M]. 北京：人民出版社，1986：29-30.

地考察了综合技术教育的历史和发展趋势①，有力地补充了列宁的技术教育思想。

一、服务全国工业化与培养工人综合技术眼界的技术教育思想

综合技术教育无论是在苏联社会主义工业化的进程中，还是用现代技术改造各部分国民经济的过程中都逐渐突显出优越性，那么随着工业化的不断推进，综合技术教育的实施就显得尤为迫切。在 20 世纪 30 年代前后，克鲁普斯卡雅就综合技术教育的意义、内容与实施技术教育的途径办法等各方面发表了诸多专题论文，做了很多详细的报告，这些理论观点形成了对苏联技术教育事业改革发展具有较大影响力的技术教育思想。

马克思对教育问题的研究，指出教育与生产劳动相结合是改造现代社会的杠杆，而以这个教育原理为基础的综合技术教育是全面教育的必要条件。马克思恩格斯通过对大工业生产特性的分析，指出现代化大生产对工人提出新的要求，必然要通过技术教育才能达到劳动能力的全面发展。对此，克鲁普斯卡雅表明综合技术教育要求学生要了解"生产基本原理"以及熟悉"简单生产工具"的运用，这能够为劳动者自由选择不同工作创造良好的条件。

大工业的特点，如马克思早就指出的生产过程不断变化，生产的技术基础不断变化，也就是生产的永恒改组。这就要求现代工人能够适应各种不断变化的生产条件，掌握新的生产方法。1929 年 5 月在国家学术委员会第一次会议的报告上，克鲁普斯卡雅在《论综合技术教育》的提纲中指出综合技术教育并不是独立于其他普通学科之外的其他类别学科，而是需要与其他科学课程、普通文化社会课程融合，在课程与课程之间、技术教育与劳动教育之间有着相互的联系，才能够使劳动教育也兼有综合技术的性质。② 可以说技术

---

① 汪盐.综合技术教育思想的产生与发展［J］.吉林工程技术师范学院学报（教育研究版），2003（8）：17-20.
② 金波.谈谈卢梭的综合技术教育思想：学习《爱弥儿》体会之二［J］.史学月刊，1986（1）：88-92.

进步使综合技术教育成为可能，综合技术教育也是促进社会工业化的重要工具。综合技术教育的普及有利于"全国才能工业化"。① 我们可以看出，克鲁普斯卡雅在大工业的背景下提出综合技术教育的内容不能只局限于获得一定的技巧或者只是研究现代的、最高的技术形式，而是要把综合技术教育置身于一个完整的教育体系中进行研究，技术存在的多种形式作为研究基础，依据技术的发展及其全部中介来研究技术。② 而技术的发展及其全部的中介包括对技术手工艺与自然界之间关系的研究探讨、生产工具的构成涉及的物理学知识（如力学）的研究探讨。③ 而中介系统还包括对社会的劳动形式及其与整个社会制度的影响。④

　　克鲁普斯卡雅认为综合技术教育思想是在马克思和恩格斯的技术教育思想基础上提出的。马克思指出，现代大工业为全面发展的人进行崭新的劳动教育创造了条件。⑤ 俄国马克思主义者最先提出了建立综合技术教育学校的问题，列宁在他写的《民粹主义空想计划的典型》一文中曾着重指出，马克思主义者主张实施综合技术教育，主张教育与生产劳动相结合；同时列宁还把这一问题同普及教育问题和全民义务劳动问题联系在一起。⑥ 据此，克鲁普斯卡雅提出只有教育与生产劳动相结合才能培养出全面发展的人。对于综合技术教育学校的问题，列宁曾在《论教育人民委员部的工作》中指出了用单一

① 克鲁普斯卡雅. 克鲁普斯卡雅教育文选：上卷［M］. 王道治，译. 北京：人民教育出版社，1987：108.
② 克鲁普斯卡雅. 克鲁普斯卡雅教育文选：上卷［M］. 王道治，译. 北京：人民教育出版社，1987：114.
③ 克鲁普斯卡雅. 克鲁普斯卡雅教育文选：上卷［M］. 王道治，译. 北京：人民教育出版社，1987：114.
④ 克鲁普斯卡雅. 克鲁普斯卡雅教育文选：上卷［M］. 王道治，译. 北京：人民教育出版社，1987：114.
⑤ 克鲁普斯卡雅. 克鲁普斯卡雅教育文选：下卷［M］. 王道治，译. 北京：人民教育出版社，1988：169.
⑥ 列宁. 列宁全集：第2卷［M］. 北京：人民出版社，1984：402-431.

技术教育去代替综合技术教育是不正确的①，并在《生产宣传提纲》中谈到要采用方法来在群众中推广综合技术教育的思想。② 克鲁普斯卡雅与列宁提出在成年工人和农民中推广综合技术教育是工业和农业合理化前提的观点，工人不是一个简单的执行者，还可以由执行者转变为发明者或是某个自己生产部门的著名组织者。培养这样可转变的工人要依靠以工艺教学为基础的综合技术教育，而在实施综合技术教育的学校里，劳动的学习一方面应该让学生学会依据劳动计划制订工作计划，能够协调安排工作的一般劳动技巧，能够集体工作，能节约材料，在工作中能做到该年龄段所能做到的一定细致程度等内容；另一方面，学生要能根据自身的年龄和生活经验从技术、劳动组织及劳动过程的社会意义来理解劳动。

克鲁普斯卡雅认为人民群众的综合技术水平越高，他们的创造能力就越能发挥效用。列宁在此启发下所写的《生产宣传提纲》和他所写的《应该如何进行综合技术教育》的评注中说，我们立刻需要细木工、钳工，但是他们必须具有综合技术眼界。③ 一个工人，如果被束缚在自己狭小的专业上，这种专业可能由于技术的进步在明天就成为无用之物，那么这种工人实际上没有具备任何技能，他对国民经济的改造不能做出任何贡献。因此，克鲁普斯卡雅也提出除了使广大的群众获得这种起码的生产素养之外，还要使他们具有广泛的综合技术眼界，以及把自己的知识、技巧在各种不同的情况下加以运用的能力。④ 如果我们使不熟练的工人具有综合技术眼界，如果我们从技术上对工人加以培养，那么我们就能使没有技能的工人和有高度技能的工人之间

---

① 克鲁普斯卡雅. 克鲁普斯卡雅教育文选：下卷［M］. 王道治，译. 北京：人民教育出版社，1988：187-189.

② 列宁. 列宁全集：第31卷［M］. 北京：人民出版社，1984：365-367.

③ 克鲁普斯卡雅. 克鲁普斯卡雅教育文选：下卷［M］. 王道治，译. 北京：人民教育出版社，1988：194.

④ 克鲁普斯卡雅. 克鲁普斯卡雅教育文选：下卷［M］. 王道治，译. 北京：人民教育出版社，1988：203.

的距离缩短。①

　　马克思对于教育问题有着深入的研究，他认为改造现代社会离不开教育与生产劳动的结合，并且这两者的结合也是培养技术工人综合技术眼界的重要理论前提。恩格斯也认为"摆脱了资本主义生产桎梏"的社会可以培养出在理论上懂得工业生产的科学基础，在工业劳动实践中又实际经历过整个生产部门系统的新一代劳动生产者。② 这种新型劳动者的出现也是现代工业的发展所催生的。如马克思所说，劳动者的职能与劳动随着生产技术的变革不断发生更动变换，会促使社会内部不断发生新的分工，也就意味着大量的资本与劳动力会进行新的分配。③ 培养具有"综合技术眼界"的工人，使其"适应于不断变动的劳动需求"④。克鲁普斯卡雅强调，实施综合技术教育必须获得学校教师、教育人民委员部以外的各方支持，比如，其他团体、行会组织或者群众等。克鲁普斯卡雅认为培养工人的"综合技术眼界"，不只是满足于在技术教育学校里设置的课程，还培养了一些指导员，可以更好地进行综合技术教育，让一些有着丰富劳动经验的劳动群众到学校授课，扩大宣传对象并普及综合技术教育的意义，强调"只有依靠共同的力量，才能建立这种学校"。⑤ 这样所形成的技术教育思想才能更好地在技术教育实践中指导技术教育服务于"全国工业化"和培养工人的"综合技术眼界"。

---

① 克鲁普斯卡雅. 克鲁普斯卡雅教育文选：下卷［M］. 王道治，译. 北京：人民教育出版社，1988：204.
② 中共中央马克思恩格斯列宁斯大林著作编译局. 马克思恩格斯全集：第20卷［M］. 北京：人民出版社，1964：321.
③ 中共中央马克思恩格斯列宁斯大林著作编译局. 马克思恩格斯全集：第23卷［M］. 北京：人民出版社，1972：533-534.
④ 中共中央马克思恩格斯列宁斯大林著作编译局. 马克思恩格斯全集：第23卷［M］. 北京：人民出版社，1972：535.
⑤ 克鲁普斯卡雅. 克鲁普斯卡雅教育文选：下卷［M］. 王道治，译. 北京：人民教育出版社，1988：305.

二、从完整教育体系发展综合技术教育的技术教育思想

依据克鲁普斯卡雅对综合技术教育的理解，这种教育并不是只让学生获得某种单一的技能或某一生产部门的原理和技术，而是要和科学知识的学习同步结合起来，才能算得上综合技术教育。甚至，克鲁普斯卡雅提出从完整的教育体系出发来看待综合技术教育的指导思想，并且以一种动态发展的观点理论说明不同部门的生产过程。通过综合技术教育培养学生时，要将各门学科课程与劳动教育相联系①，通过对各门学科之间的相互联系结合劳动教育揭示整个生产部门系统的生产原理。建立质量好的普通教育学校，教给孩子们的不只是书本知识，还有干活的方法；教他们怎样使用各种工具，培养他们从事各种劳动的一般技巧，使他们看得准、拿得稳、动作快。这里可以看出克鲁普斯卡雅对综合技术教育的理解是与普通教育紧密结合的。

克鲁普斯卡雅将综合技术教育置身于完整的教育系统中进行研究的指导思想，不仅说明了技术教育的发展不仅仅需要与普通教育紧密结合，还要注意与劳动教育、职业教育之间的关系。对于劳动教育，克鲁普斯卡雅一直将生产劳动看作有重要的意义与中心基础的教育作用，但这种以生产劳动为中心的思想是不科学的，在1927年之后，克鲁普斯卡雅重新考虑了劳动与教育之间在理论和实践上的关系，做出了新的论断：儿童和青少年从小能够从劳动中锻炼从事体力劳动和脑力劳动的本领，对儿童和青少年全面发展自己的能力有着重大的意义，对儿童在劳动中表现自己的个性，在集体的生产劳动中培养儿童的集体主义精神、组织能力及其他的许多优秀品质有重要的意义。

职业教育可以提高工人某一方面的工作技能，对此最为关心的是工厂主。各国之间的竞争迫使各国资本家不得不去关心如何提高产品的质量，这恰好对具有熟练技巧的工人产生了需求。对此，克鲁普斯卡雅强调技术工人接收到的技术教育不是狭隘的，而是除了学会运用该技术、熟悉生产原理之外，

① 克鲁普斯卡雅. 克鲁普斯卡雅教育文选：下卷［M］. 王道治，译. 北京：人民教育出版社，1988：41.

还懂得相关的工具的构造或者了解工具所处的种类是什么，对所学技术知识有一个总体的观念。克鲁普斯卡雅以车床这一设备工具为例，强调以总体的观念来看就需要要求工人不仅学会了解和运用车床这一设备，还要知道车床的构造、种类，以及什么车床干什么活，知道这些先进车床的产地和价格，是否值这些钱，使用起来是否合算，要纳多少税，还要学会核算。而综合技术教育与职业教育的不同，主要体现在各种劳动的学习过程中，且实施综合技术教育和职业教育的学校也存在一定的不同之处，前者重在理解劳动过程、理论与实际相结合，后者重在使学生获得一些劳动技巧。对于技术学校的建立，除了实现培训工厂工人的技术教育之外，还必须进行手工业培训，但这种手工培训要克服学徒制中的教学问题，最好能在专门的手工职业学校里进行。克鲁普斯卡雅为校外一些职业教育还应该像我们已经办起来的一些工人大学一样，既讲授狭窄的、纯技术性的专业，也授予工人使之能成为生产主人的广泛知识。克鲁普斯卡雅认为对当时国家的社会经济发展状态而言，职业教育还是相当重要的一种教育形式，但是不能与另外两种教育形式即普通教育与综合技术教育分离或者对立起来。克鲁普斯卡雅甚至提出这样的指导思想，为了让学生能够在掌握某种职业技能的同时还能够具备适应现代生产对职能变换劳动的新要求的能力。因为在此思想的指导下，克鲁普斯卡雅做出两方面的措施：一方面将普通学校转变为实施综合技术教育的学校；另一方面将职业学校建立在综合技术教育的基础上。这样就能够避免综合技术教育孤立发展，而是从包括普通教育、职业学校教育等教育形式在内的完整教育体系出发，实践上也综合起来发展。

总的来说，基于完整教育体系发展综合技术教育，在这一技术教育思想指导下，我们必须承认综合技术教育与其他各类教育形式有着很大的关联性，而且要充分利用这个关联性。普通教育作为一种基础的教育，既能够为劳动者提供如德育、体育、智育等作为一个社会成员应该要具备的东西，又能够促进综合技术教育的有利实践。综合技术教育与普通教育之间是相互促进发展的关系。职业教育可以为劳动者提供一定的职业训练，使劳动者可以习得专门的劳动技能，满足劳动的专门化要求。学生在综合技术教育过程中能够获得在生产部门间自由流动的能力，而且在综合技术教育中获得的生产技术理论知识与生产实际操作技能，还能够在职业教育中得到进一步发展。

三、关于妇女学习劳动技术与生活技能的技术教育思想

在恩格斯的著作《英国工人阶级的状况》一书中，描述了那些被资本剥削的女工任人凌辱的情况。1899 年克鲁普斯卡雅在列宁的协助下完成了用马克思主义观点阐述的第一本教育著作《女工》，其中第三章的内容"妇女与儿童的教育"最具代表性。

当时苏维埃俄国为了振兴工业、发展农业，把工农业提到很高的水平，紧急需要专业技术工人，对有技能的劳动力需求量很大，所以关心更多的是如何使男女工人能受到相应的技术教育。克鲁普斯卡雅认为虽然苏维埃俄国实行的是男女同工同酬，但是在很多场合男人挣的工资比女人多。究其原因是男人往往懂得某种专业，他或多或少花了较长时间学习过这种专业，是所谓的专业技术工人。几乎各个生产部门都存在这样一种情况：妇女只有在极个别的情况下才能成为专业技术工人。[1] 为了改变这种高强度、低报酬的劳动状况，必须对女工进行专业技术教育。克鲁普斯卡雅提出要教女青年学习的不是编织花边，不是给手帕绣花，不是制作女人帽子或扎花朵，而是要教她们学习农艺学、畜牧学、卫生学等，应当教她们学会那些严重缺乏技术工人而使工农共和国受到严重影响的生产部门的劳动技术。[2]

而在生活技能教育方面克鲁普斯卡雅也在《女工》中提及其重要性，正如该著作中第三章所提到的："她一点也不了解人体组织，一点也不懂得儿童的发育情况，而这些又是使儿童健康成长不可缺少的知识。农妇照看孩子多

---

[1]　克鲁普斯卡雅. 克鲁普斯卡雅教育文选：上卷［M］. 王道治，译. 北京：人民教育出版社，1987：253.

[2]　克鲁普斯卡雅. 克鲁普斯卡雅教育文选：上卷［M］. 王道治，译. 北京：人民教育出版社，1987：253.

半是按习惯和偏见办事。即使她知道应该怎样做，而且也很想做好，但她无论如何也不可能做得符合要求。"①　正如德国社会主义者蔡特金②在她所写的一本论述德国女工运动的著名小册子中曾经说过："要想培养人，难道可以不经过特别的训练？但是即使女工能起一个教育者的作用，在她目前的生活条件下，她几乎也是无能为力的。"③这些都说明了克鲁普斯卡雅认为无论是在劳动技术还是在生活技能上对妇女进行技术教育的必要性和重要意义。

第四节　中国传统文化中的技术教育思想

中国化马克思主义技术教育思想不仅是马克思主义在我国社会主义技术教育事业建设和发展的必然要求，而且沿袭吸收了中国传统文化中的思想精髓。我国古代的技术发展自成体系，不仅对我国更是对世界有着深远的影响④，这些都离不开古代传统文化中所蕴含的技术教育思想。虽然古代生产力和技术水平较为低下，发展速度较为缓慢，但是我国历来重视教育，形成的教育思想流派众多，丰富的教育思想中也不乏有许多精辟的技术教育思想。从墨子、傅玄、颜之推等人的技术教育思想中体现出的圣贤之士与技能之人相统一的思想观点和传统文化中的半耕半读思想理论都为中国化马克思主义技术教育思想提供了重要的理论基础。

一、圣贤之士与技能之人相统一的技术教育思想

先秦典籍中对技术教育的内容和指导思想提出了"六府""三事"的观

---

①　克鲁普斯卡雅.克鲁普斯卡雅教育文选：上卷［M］.王道治，译.北京：人民教育出版社，1987：45.

②　克·蔡特金是德国女工运动的一位杰出的、天才的领导人。

③　克鲁普斯卡雅.克鲁普斯卡雅教育文选：上卷［M］.王道治，译.北京：人民教育出版社，1987：45.

④　李约瑟.中国科学技术史［M］.北京：科学出版社，1975：1-2.

点，如"水火金木土谷，谓之六府。正德、利用、厚生，谓之三事"①。"六府"几乎包括了古代各种应用性科技活动，以工农业为核心，反映了我国科技教育的重要内容。"三事"阐述了技术教育活动的原则。"正德"要求技术教育要与政治发展方向相一致，"利用"指出了技术实践活动的目的是创造人工物并增加财富；"厚生"指技术教育活动都要为国家治理、方便民生等政策服务。

我国古代教育家墨子，因其系统的技术教育思想和自成一派的墨家学说，被称为中国技术教育第一人。墨子首次将脑力劳动的知识分子圣贤之士与体力劳动的生产者技能之人相结合，把理论学习与生产实践相结合。墨子在技术教育过程中，既让弟子从制造技术人工物中习得技能，又要求弟子明白其中的工作原理和科学原理，将理论技术知识与实践操作原理相结合。墨家极其重视科学技术知识和实践操作技能，如《墨子》一书中有关于点、线、面、体描述的几何学知识，小孔成像的光学知识，杠杆原理的力学知识，诸多精细巧妙的器械制作和使用方面的核心技术知识等。墨子强调以"法"即标准规范来作为技术活动主体必须恪守和遵循的基本要求，以保证工艺的质量。在技术教育过程中，学习技艺的人本身水平不一，有些人能很好地掌握技术，有些人只要按照"法"的标准规范去掌握技术，也能达到工艺标准。墨子这些技术教育思想都有非常重要的借鉴价值。

文化多元的魏晋南北朝时期，士大夫代表傅玄、颜之推等人在儒学为文化主流的大背景下仍然提出自己的技术教育思想可谓意义深远。傅玄的人才九品论是中国教育史上第一次将农、工、商各从业者称为人才。颜之推是南北朝后期的政治家、教育家，动乱的政治环境使其认识到习得一技之长的重要性，并逐渐形成了自己的技术教育思想。颜之推提出向生产劳动人民学习的技术教育思想更是上承先秦思想下为各个时代所沿袭。魏晋南北朝时官府在手工业的技术传承方式上已经依赖于范围较广的学徒制度，但农业与商业

---

① 孔颖达. 左传正义［M］. 上海：上海古籍出版社，1997：1846.

领域的技术知识多数还是父子相传。另外，我们研究古代技术教育的思想还需要考察底层生产劳动者在生产实践之中引发的技术原创力。颜之推指出梁朝强盛时，一些贵胄子弟不愁高官厚禄，多为不学无术、养尊处优之辈。动乱之后失去靠山，流离失所，又无谋生之能，竟然落得"转死沟壑之际"的悲惨下场，而此时如果有"学艺者"，掌握一技之长，便可"触地为安"，即随处能够养家糊口。故而他指出："积财千万，不如薄技在身""人生在世，会当有业。农民则计量耕稼，商贾则讨论货贿，工巧则致精器用，技艺则沉思法术，武夫则惯习弓马，文士则讲议经书。"（《颜氏家训·勉学》）这里明确强调，人要谋生就要习得一种技能以谋求一份职业，各类职业分别有各自的能力和技术要求，从业者必须努力治学求精。颜之推虽然提倡学习技艺，但只是强调多掌握一点技艺就多一条生存之道。然而由于时代的局限性，他仍坚持传统儒家重视学习治国之道的立场，作为士大夫子弟，当然还是要学习儒家经典为主业，这是成为"上等人"的保障。总体来看，颜之推的技术教育思想体现了鼓励士大夫子弟既要学习儒家经典成为圣贤之士又要掌握技艺成为技能之人两者的统一。

颜元是明末清初实学思潮中富有批判精神的教育家，其思想体系较为全面，强调"实学"和"习行"，其晚年为支持漳南书院教学改革实践，设计了"六斋"的分专业教学，其中艺能斋专门教习水、火、工、虞等专科。颜元有着与传统经学儒家教育者不同的人才培养目标，认为圣贤之人还应是掌握一定专业技能的人。总的来说，颜元主张培养专才，分科教学，在古代已将专科化教育向前推进，但由于政治时代背景的局限性，颜元仍然没有提出能够适应社会发展取代传统教育的主张。

总的来说，从以上古代极具代表性的技术教育思想中体现的圣贤之士与技能之人相统一的思想，在中国化马克思主义理论中体现了普通文化教育与技术教育的关联性，将两者的培养目标统一起来，将技术教育与普通教育放在了同等重要的地位。

二、传统文化中的半耕半读思想

我国传统文化中的半耕半读思想对中国化马克思主义技术教育思想有一定的影响，比如，刘少奇在新中国成立之后提出半工半读、半农半读的技术教育思想，其中有一部分的理论基础就是源自我国传统文化中的半耕半读思想。

半耕半读就是将耕作与读书相互结合起来，达到既能满足生存持家的需求，又能兼顾升迁济世的理想。中国古代部分知识分子以半耕半读作为生活方式，在"不耕无食，无耕无衣""以耕养读，勤耕立家，苦读荣身"的思想理念中形成一种耕读文化。

认识耕读之间的关系我们可以追溯至春秋战国时期的孔孟之道。孔子认为"君子谋道不谋食"（《论语·子路篇》），孟子主张"劳心者治人，劳力者治于人"（《孟子·滕文公章句上》），都表明了将读书与耕作相分离的思想。而农学思想家许行则提出"贤者与民并耕而食"（《孟子·滕文公章句上》）。后世也开始出现"万般皆下品，唯有读书高"和提倡"耕读传家"的两种传统理念。后者以耕读为荣是一种敢于冲破儒家传统的教育思想，到了后面"半耕半读"也逐渐成了许多著名的家庭教育的核心思想。如南北朝时期的著名教育思想家颜之推就提到"要当稿而食，桑麻而衣"（《颜氏家训》），清初理学家张履祥在家庭教育中提到"读而废耕，饥寒交至；耕而废读，礼仪遂亡"（《训子语》）的耕读两者不可偏废的思想。半耕半读在中国古代是将原始简单的教育与生产劳动相结合①，更多的是教育者们在践行耕读文化思想时体现在培养学生的过程中增加了耕作劳动。"耕锄已藏，祈乐（新谷）已入，岁时已毕，余子皆入学。……距冬至四十五日，始出学傅农事。"（《尚书大传·略说》）这段话的意思是指乡里诸多学子在完成农业收成之时开始学习，在冬至45天之后离开了学校继续农业生产工作，实际上是根据季

---

① 胡青．耕读：中国古代的教育与生产劳动相结合［J］．江西师范大学学报（哲学社会科学版），1992（3）：9-12.

节性安排生产劳动与教育的结合。

耕读文化体现了理论联系实际思想范式的精神实质，体现了理论联系实际的文化模式。耕读思想在建设中国化马克思主义技术教育思想中作为理论基础也有新的解读，"耕"更多是与社会实践相关的一种理解，"读"在技术教育思想中是指除了学习普通教育知识之外还要学习技术知识、技术道德修养等内容。汉代独尊儒术，官学教育过程中很少有耕读现象的出现，只有少数家境贫寒的学生边求学边靠劳作谋生，形成了原始的半工半读形式，如汉朝的匡衡是靠白天劳作晚上读书而终成一代文学家。"每社立学校一所，择通晓经书者为学师，农隙使子弟入学，如学文有成者，申复官司照验。"（《元史·食货志》）这句话可以看出社学也是依照季节性安排农业耕作与教育学习的结合。

在古代官学教育中半耕半读较为少见，主要是还存在私学与以劳动人民子弟为主的社学。耕读思想在较早的私学教育中还是较为零散和无意识的存在，主要源于少部分知识分子为了解决生存的问题而自发的一种实践。到了封建社会后期，耕读思想理论逐步成熟，比较有代表性的是清初颜元与李塨创办的提倡实学的颜李学派，他们将半耕半读思想演化为教育与生产劳动相结合的理论并付诸实践。我们要清楚地认识到中国古代社会的耕读文化思想，本质上体现的是一种以农业经济为基础的理论与实践的结合，对中国化马克思主义技术教育思想的形成有一定的影响，体现在指导了我国技术教育事业的改革与发展。

本章小结

本章主要是对中国共产党技术教育思想的理论基础进行分析，其中包含马克思、恩格斯、列宁和克鲁普斯卡雅关于技术教育的丰富思想给予的启示和结合中国具体实际的运用，以及中国本身深厚的传统文化中所蕴含的技术教育思想的延续。

　　面对大工业生产的社会现状,马克思强调了技术教育对实现培养工人的全面劳动能力具有重要的作用,并提出了技术教育是"使儿童或少年了解一切生产过程的基本原理,同时使他们获得使用一切最简单的生产工具的技能"①,并肯定了其中生产劳动与教育相结合是对提高"社会生产"与造就"全面发展的人"的重要方法。②马克思、恩格斯、列宁和克鲁普斯卡雅都对这一综合技术教育思想进行了充分的研究和实践,形成了一定的思想理论。其中克鲁普斯卡雅的技术教育思想与列宁的技术教育思想相辅相成,相互促进补充。克鲁普斯卡雅更是提出了妇女需要学习生产技术与劳动技能的技术教育观,这对于我们在研究中国共产党技术教育思想的过程中提供了诸多重要的理论支撑。中国传统文化中蕴含的技术教育思想对中国共产党的技术教育思想也有着深刻的影响,形成了一定的理论基础。其中通过传统文化中形成了"圣贤之士"与"技能之人"相统一的观点在墨子、颜之推等教育家的技术教育思想中都有体现。而古代传统文化中的半耕半读思想更是奠定了新中国成立初期中国共产党的技术学校发展思想和技术教学思想中的理论与实践相结合、半工(农)半读两种制度的基础。

---

① 中共中央马克思恩格斯列宁斯大林著作编译局.马克思恩格斯全集:第16卷[M].北京:人民出版社,1964:216-218.

② 中共中央马克思恩格斯列宁斯大林著作编译局.马克思恩格斯全集:第23卷[M].北京:人民出版社,1972:530.

第三章

中国共产党技术教育思想的历史发展

马克思提出综合技术教育的概念，并肯定了技术教育对满足社会化大生产和对劳动者劳动能力全面发展要求的重要作用。技术教育在马克思、恩格斯看来是提高"社会生产"和造就"全面发展的人"的重要办法，而且对于促进人的全面发展更是提到了唯一的思想高度。列宁取得十月革命胜利之后，更是将综合技术教育作为党纲内容的一部分提出并践行。中国共产党领导人继承和发展了这些技术教育思想理论，提出了诸多具有"中国具体化"的技术教育思想。中国共产党的技术教育思想有其历史发展的演进过程，我们将从中国共产党技术教育思想的萌芽与确立、发展与运用和进一步新发展三个阶段进行逻辑分析。

第一节 中国共产党技术教育思想的萌芽与确立

以 1919 年五四运动为标志，中国进入了新民主主义革命时期。在这一历史背景下，这一时期前后中国出现了新的学校形式，创造了技术教育的新内容和经验，为马克思主义的技术教育思想在新民主主义革命时期与我国的具体实际情况相结合提供了"本土"技术教育的内容和经验。到了 1921 年，中国共产党成立后，遂提出了在中国实施新民主主义教育的纲领，积极参与创办了各种技术教育形式的学校。这些各种技术教育形式的学校更是在每个特殊时期培养了大量的革命领导人才和获得各项技能的劳动者，积累了诸多指导技术教育事业发展的新内容和经验，中国共产党的技术教育思想开始萌芽确立。

一、"智力与劳力均衡发展"的技术教育思想

中国共产党自 1927 年开始进行了为期十年的土地革命战争，这个时期制定了相关的教育方针，其中包括了许多关于技术教育的指导思想。1930 年 9 月，毛泽东同志提出"智力与劳力要均衡发展"的原则，指导了当时苏维埃地区的技术教育发展。随后毛泽东同志就技术教育的政治方向提出中央苏区文化教育和建设的中心任务，并结合当时苏维埃地区在艰难的战争环境中发展技术教育的特殊性提出的"社会教育""干部教育"主要是技术教育的形式范畴。[①] 1933 年《中央文化教育建设大会决议案》指出成年人也应该有获得继续学习的机会，虽然已经不在义务教育阶段，但是应当继续接受"补习学校""职业学校"[②] 等形式的技术教育。1934 年，在第二次全国苏维埃代表大会上，毛泽东同志在会上所做的报告制定了教育总方针，并提到把"使教育与劳动联系起来"作为教育总方针的重要内容之一。

1934 年，中央教育人民委员部颁布的《短期职业中学试办章程》，是中国共产党历史上第一个发展职业技术教育的纲领性文献，其中规定职业技术教育的中级阶段的培养目标应该是使青年既要了解马克思列宁主义的基本知识又要对实际的生产劳动有所了解。这与毛泽东同志早些年提出的"智力与劳力要均衡发展"指导思想紧密相关。

马克思列宁主义中的综合技术教育思想是新民主主义革命时期革命根据地创立和建设技术教育体系的直接理论来源。在土地革命战争时期，在革命

---

① 钟利民，黄敏哲，谢元海，等. 中央苏区时期毛泽东的职业技术教育思想、实践及其价值［J］. 党史文苑，2014（12）：24-26.

② 福建省文化厅革命文化史料征集工作委员会. 中央苏区革命文化史料汇编［M］. 南昌：江西人民出版社，1994：98.

根据地的技术教育事业发展中，对毛泽东的"智力与劳力要均衡发展"的技术教育指导思想有着深刻的实践，涉及方针、技术教育学校的设置、政治方向的把握等各方面。在中央苏区围绕着技术教育的开展，毛泽东同志提出了四个基本的教育原则，且首次提出"智力与劳力要均衡发展"的指导思想。毛泽东同志十分重视技术教育的发展，在其担任苏区领导人期间，有关技术教育发展的政策法规办法款项非常多。①

"智力与劳力要均衡发展"的指导思想对土地革命战争时期的技术教育的各种办学形式有很大的指导作用。1933年通过的《苏维埃学校建设决议案》中提出了关于苏维埃学校的建立原则，要具有极大的伸缩性并与实际环境相结合，再实现逐渐统一的目标。苏区非常重视专业技术人才的培养，尤其是与军事技术斗争关系密切的技术教育。土地革命战争时期先后创办了无线电学校、红色护士学校、红色医务学校、红军卫生学校、高尔基戏剧学校等。而对于农业技术教育的发展也相当成熟，徐特立当时任苏区中央教育人民委员部代部长，参与建立了中央农业学校，为苏区的职业教育做出了突出的贡献。1934年中央制定了《中央农业学校简章》，其中设立本科、预科和教员研究班农校，规定农业本科的学制一般为1年，具有伸缩性。本科农校的学习课程有三类，政治常识、科学常识和实习。这些学习和传播技术的方法既将理论知识与实际问题相结合，又能够促进技术的创新，为战争后方培养了足够的智力与劳力均衡发展的技术人才。

以毛泽东同志为核心的中国共产党带领人民群众实事求是地按照当时当地的实际，将马克思主义技术教育思想初步中国化，在实践中形成了许多适应我国实际而且科学性、可操作性强的办学形式、教学形式等。其中在技术教育的教学过程中，课程内容和教学方式可以根据革命战争和生产建设的实

---

① 钟利民，黄敏哲，谢元海，等.中央苏区时期毛泽东的职业技术教育思想、实践及其价值［J］.党史文苑，2014（12）：24-26.

际情况灵活设置。①

二、提出"为长期战争服务"的教育思想方针

到了抗日战争时期，中国共产党的教育方针和政策，主要是为抗日战争服务，并提出"为长期战争服务"的教育思想。这个思想方针也为技术教育事业的发展提供理论指导。在抗日战争期间，在"为长期战争服务"的教育思想指导下，技术教育事业的发展，一方面始终同根据地的生产建设联系起来，以保证基本物质需求，体现了"自己动手，丰衣足食"，能将教育"为长期战争服务"的方针落在实处，与人民的生活实际需要联系起来；另一方面是出于培养年青一代的需要，通过参加生产劳动，可以帮助青年学生习得生产技术技能，树立科学的劳动观念，加深对战争时期技术教育思想理论的理解，并更好地在实践中习得技术知识、劳动技能操作，为战争服务。

在"为长期战争服务"的教育思想指导下，抗日战争时期中国共产党提出了一系列教育方针政策任务，根据地教育制度日臻完备。毛泽东同志在1937年8月的《抗日救国十大纲领》中也规定了教育要重新确立制度、课程，并要为战争服务。1938年在《论新阶段》报告中再次提出教育事业要适应战争的需要，要为长期战争服务。

抗日战争结束之后，解放战争期间，各解放区都陆续在总结以往教育工作经验，从"为长期战争服务"的教育思想上先后转向了新型正规化的教育方向。在此教育思想的指导下，有的地区出现了层次分明的技术教育学校系统。对于职业教育分设初职、高职（与普通高中分科）和工厂办工人技术学校，初等师范院校和高等师范院校开始形成培养新型知识分子与新型技术工人的体系。早在解放战争初期，1945年毛泽东就在《1946年解放区工作的方针》中提出："军事学校应继续办理，着重技术人才的训练。"1946年中共代

---

① 钟利民，黄敏哲，谢元海，等. 中央苏区时期毛泽东的职业技术教育思想、实践及其价值［J］. 党史文苑，2014（12）：24-26.

表团在政治协商会上所提出的《和平民主建国纲领》的草案中有主张"改造中等教育，加强职业训练"的条文，各个根据地努力发展教育，技术教育也朝着制度化、正规化的方向发展。到了 1948 年 10 月《在中共中央关于九月会议的通知》中提出要在三年内能够有计划地培养大批的各类专业干部人才，实现对新解放区的有秩序管理。为此，加强"在职干部教育"与"新开办干部学校"成为教育工作的重点。另外，在这一时期农民成人的技术教育和妇女技术教育得到了重视和发展。在农民的成人教育方面将普通教育和生产技能教育结合起来，将识字学习与生产技能教育以多种形式相结合，如陕甘宁边区冬学与妇女纺织相结合，将学习文化知识与掌握纺织技能结合起来，即普通教育与生产技能教育相结合。

三、"干部教育第一"的技术教育思想

解放战争时期的一系列教育方针政策主要是对抗战时期的继承，重点在于教育"为革命战争服务""教育与生产劳动相结合""理论联系实际"等教育方针上。在新老解放区亟须迅速地有计划地训练大批能够管理军事、政治、经济、党务、文化教育等项工作的干部，故还是继续执行"干部教育第一"的方针，特别在新解放区实行"保护一切公私学校、医院、文化教育机关"的政策，恢复和发展学校教育。

从干部和群众这两类教育对象来看，将干部教育特别是在职干部教育放在第一的位置，完全是出于为革命战争服务的需要和在战争环境中人力财力物力上的考虑，且以工作为目标导向授予所需技术技能知识以及其他可能的教育，是当时干部教育培养人才最具效率的一项工作。而对群众教育来说，由于工农大众生活的环境缺乏相应的文化与生产技术知识技能，在经济上有所改善之后，对文化的要求也会随之提升。这两类教育对象有着迫切受教育的需求，而由于各种因素的制约，办学的学制年限一般较短，入学水平不一，在统一的方针政策下，结合根据地的实际情况采取了比较灵活的制度与方法。而职业教育也具有特殊性，除了独立设置的专门学校之外，还有各种在职的、

非在职的、期限不一的培训班，培训内容涉及军事、工业、财经、卫生、司法、艺术等方面。①

为了补充革命队伍人才，毛泽东十分强调干部教育这一特殊的职业教育方式，将其放在革命工作中和教育工作中的重要位置。针对"干部教育"，毛泽东指出"多数才德兼备的领导干部"是"中国共产党这样一个几万万人的大民族中领导伟大革命斗争的党"完成"其历史任务"的重要条件，所以我们要有计划地培养大批的新干部。② 中共中央于 1942 年 2 月 28 日在《关于在职干部教育的决定》中针对"干部教育"做出如下指示："在目前条件下，干部教育工作，在全部教育工作中的比重，应该是第一位的。"③ 换句话说，"干部教育第一"已经在根据地的教育事业实践中形成了一项重要制度，这让"干部教育"有了很大程度的发展。

革命根据地时期，对职业教育没有专门提出过新的工作方针，但上述关于教育工作的总的要求和各项方针政策，毫无疑问也完全适用于职业教育。甚至当时对于职业教育范围的界定，还不像新中国成立后有了比较明确的划分，那时除了办有一部分职业学校之外，主要是举办在职干部的培训。也就是说，当时除了有一部分职业学校之外，主要是举办在职干部教育和培养新干部的各类干部学校和各种短训班。这些干部学校和短训班与今天的普通学校或一般的文化补习教育不同，其教育目的主要是服务于战争以及根据地建设生产而培养各种专门技术人才，学生们毕业（结业）后，几乎全部被分配到军队、党政机关或经济、文教等部门去工作。在战争年代，这是一项非常重要的干部人才队伍补充方式，其实这种教育形式也是马克思主义的综合技术教育与中国具体实际相结合的体现，将技能知识的学习与普通教育（如高等教育部分和文化补习教育）相结合，是将马克思主义技术教育思想进一步

① 李蔺田 . 中国职业技术教育简史［M］. 北京：北京师范大学出版社，1994：65.
② 毛泽东 . 毛泽东选集：第 2 卷［M］. 北京：人民出版社，1991：532-534.
③ 中共中央党校 . 中共中央文件选集：第 13 册［M］. 北京：中共中央党校出版社，1989：1-5.

中国化的具体体现，不仅为解放区的建设做出了应有的贡献，更为我国今后技术教育的发展提供了宝贵的经验。

抗日根据地的教育体制的主体是干部教育，为了促进教育事业的发展和加快培养大量的建设干部，创办了一批批革命干部学校，其中中等及以下程度的干部学校主要是职业学校，培养专业技术人员。抗日战争时期，在陕甘宁边区各敌后抗日根据地创办干部学校最为突出。其中高等程度的干部学校相当于普通高等教育，有如中国人民抗日军事政治大学（抗大）、陕北公学和延安大学等；中等程度的干部学校则以培养专业技术人员为主，如农业学校、工业学校、财经学校等；也有相当于高等专科程度的职业学校，主要招收高小至高中毕业生。其他各地也有举办职业学校的，如晋察冀边区的农业职业学校、胶东蚕桑职业学校和盐阜职业中学等。另外，普通教育中也包括大量的劳动课以及生产技术培训课程，带有渗透职业教育的性质。

由于在抗日战争初期，来源广泛的大批进步青年知识分子涌向延安这一抗日中心，促进了抗日根据地技术教育的发展。其中军队举办的职业技术教育，主要是军事学校和军队医务学校。在军队医务学校中有著名的延安八路军卫生学校（原苏区中央卫生学校易名，后改为医科大学）、晋察冀军区白求恩卫生学校、淮南新医进修班等。其中以培养医疗技术人员为主的白求恩卫生学校，在1941年增设妇产班。而其他以培养专业技术人才为主的干部学校，有晋察冀边区财政干部学校、张家口农科职业学校等。华中抗日根据地职业技术教育发展很快，先后创办了苏中一分区专门学校、苏北工业专门学校、苏北农纱专门学校和一些中学的职业班等。在鄂豫边区，中共中央代表和一些进步人士也开办了不少干部训练班，培养了大量干部，为开辟抗日根据地党、政、群、文教、经济部门充实了人才队伍。

抗日战争时期，随着解放区的不断扩大，教育事业进入发展时期。干部教育尤其是以培养专门技术人才为目标的干部教育、传授学校生产知识技能的群众成人教育都有了创造性的发展。后来即使随着中国共产党在解放战争中不断取得胜利，"干部教育第一"的原则始终是技术教育思想中的一项重要内容。在保持了"干部教育第一"的原则下，陆续进行了整顿、改革与提高，并逐步走向正规化和制度化，实现下一级学校与上一级学校之间的衔接，为新中国成立之后大规模的经济建设储备了各种技术人才。

另外，对于干部教育的名称问题，在这里进一步做出解释。在土地革命战争时期，党和苏维埃政权的文件中，干部教育和技术教育两个名称同时使用；抗日战争和解放战争时期，毛泽东和党中央负责人的著作、党以及政府的文件中，主要是使用干部教育这个名称，未使用技术教育（学校）这个名称；直至新中国成立前夕制定的《共同纲领》中，才出现了技术教育的提法。

中国共产党的技术教育思想在萌芽与确立阶段，主要是围绕着"智力与劳力均衡发展""为长期战争服务"和"干部教育第一"这三类技术教育思想指导着当时阶段技术人才的培养。萌芽与确立阶段主要呈现出追求效率、可操行性强、形式灵活多样、伸缩性强的特征。中国共产党的技术教育思想在确立之后，逐渐向新型正规化的技术教育指导方向发展，有的地区已经出现了层次分明的技术教育学校系统，技术教育思想的指导也逐渐朝向制度化和正规化方向发展。

第二节　中国共产党技术教育思想的发展与运用

新中国成立之后，我国社会制度发生了根本变革，教育事业经过调整和整顿之后，其宗旨、目的和任务也发生了重大改变，各级各类教育发展态势逐步趋好。随着大工业的发展和科学技术的不断进步，对技术劳动者的要求不断提升，技术教育思想也有了新的发展并在技术教育事业的发展过程中不断运用实践。而在 1958 年开始至"文化大革命"结束这大约 20 年间出现了教育事业上的曲折发展，使得技术劳动者得不到正常的补充。我们从中国共产党技术教育思想的历史曲折发展中得到经验教训，更好地为我国现时代背景下的技术教育事业发展提供思想的指导。

一、"专业化与单一化相统一"思想的提出与运用

（一）"专业化与单一化相统一"的技术教育思想的提出

新中国成立初期教育工作的方针任务开始发生改变，其中对职业技术教育事业的接管和改造正是其中的表现之一。在新中国成立前夕，1949 年 9 月，我国制定了《中国人民政治协商会议共同纲领》，这部人民的大宪章在一段时期内起着临时宪法的作用，其中指明了在对旧的教育制度进行有计划的改革时，要注意制度、内容和方法。另外特别强调要"注重技术教育"和"劳动者的业余教育"，从而明确了教育的性质，规定了教育工作的方针和任务，确立了"技术教育"的概念。

在新中国成立初期，接管、调整和整顿原有的职业技术教育，实行向工农开门的方针，通过改革旧的职业学校、建设与发展新的中等技术学校来调整和整顿中等技术教育，改革学制并建立新的规章制度。各个层次和类型的中等技术学校的指导思想无论是对技术教育方针还是技术学校的培养任务都需要将"专业化与单一化"两者的统一性适当地考虑进来，根据各业务部门的具体需要，保证所培养出来的技术人才能够实现专业化与单一化的统一。中等技术学校的内容除了给学生以专门的技术训练，还需要给予适当的政治教育和基本的文化与科学知识教育。① 对于有关中等技术教育的重大问题的研讨和解决，周恩来同志提出要由中央、大行政区及省（市）人民政府教育部门与同级各有关业务部门分别成立各级中等技术教育委员会以达到加强对中等技术学校的领导。②

新中国成立初期，鉴于各级各类职业技术学校对人才的培养目标不明确，课程设置的标准不统一，培养出来的技术人才的水平层次距离国家的要求甚远。对于此种情况，新中国成立初期政务院和教育部曾先后分别出台了《关于整顿和发展中等技术教育的指示》《师范学校暂行规程（草案）》和《中

---

① 毛泽东，周恩来，刘少奇．邓小平论教育［M］．北京：人民教育出版社，1994：335.
② 周恩来．周恩来教育文选［M］．北京：教育科学出版社，1984：66-70.

等技术学校暂行实施小法》，明确了技术教育学校各方面的规章制度，确保"专业化与单一化"两者的统一性，以此保持中等技术教育的应有水平。例如，中等技术学校的培养目标，在中国人民政治协商会议共同纲领文化教育政策中，强调初级和中级技术人才的培养要"理论与实际相一致"、兼具"基本的科学知识和必要的文化"，重点要"掌握一定的现代技术"，把握好"为人民服务"的方向。

（二）"专业化与单一化相统一"的思想在中等技术教育中的运用

新中国成立初期，对教育做出了调整和整顿，其重点在于调整和有计划地发展中等技术教育，形成中等技术教育的初步体系，为我国后续社会主义现代化的发展提供具有必要的相应水平的技术人才。为了改革和更替旧的职业学校，建设与发展新的中等技术学校，国家政务院针对调整和整顿现有的学校做出了以调整整顿为主、"依据相关条件"、"专业化和单一化"的指示。

新中国成立以前的诸多旧的职业技术学校由于社会经济发展落后等原因，存在着不少实质性的问题，例如，技术教育的培养目标不清晰、技术教育学校培养的技术人才满足不了国家社会生产的需要、学科设置与学校分布不适应国家建设的要求等。而且新筹划建设起来的学校，也缺少了全国的统一规划，都面临着如何调整和有计划发展的问题。这段时间关于新建立的职业技术学校如何培养技术人才，对其提出了内容和要求。首先是确定为国家的社会经济发展提供强有力的技术人才支撑，而在新中国成立初期社会经济条件较差，技术人才的主要工作是初、中级的技术教育对人才的培养和训练，要将"职业学校改称为技术学校"；发展方向"以中级为主，初级为辅"。在建立学校和设置学科上要以"专门化、单一化"为原则，因为在这段时间，一切刚刚起步，国家的财力、物力资源等有限，在培养的中等技术人才还不能满足各行各业的需求的情况下，提出了中等技术人才要优先保证工业特别是重工业、国防工业部门的需要。而为了集中有限的人力、物力来提高办学效益和教育质量，对于办学的地点也提出了设置在靠近生产基地和交通方便地区的要求。上述调整的内容和要求是针对整顿和发展正规的技术教育的，对于劳动者的业余技术教育还需要各类短时技术训练班和技术补习班进行补充，从而在全社会范围内可以使正规的与非正规的有关业务部门之间实现统一领导、分工负责且紧密配合，共同促进技术教育的健康发展。

在 1949—1952 年新中国成立初期的前三年国民经济恢复期，中等技术教育的调整和整顿工作取得了一定的积极效果。对以前一些条件较差的学校予以停办，对于普通中学附设的中等技术班也进行撤销。且出于调整时期"单一性和专业性"技术教育指导思想的要求，将一些业务或专业相同的技术学科分工分别改组为单科性的学校。经过如此调整和整顿之后，为工业建设服务的学校比重不断上升，学校数量不断增长，在校学生人数也不断增长。其中增长学校数和学生人数最多的是重工业部、燃料工业部、第一和第二机械工业部四个单位所属的学校，其次是铁道部所属的学校。对专业的设置也基本按照专业化的要求进行。这样的增长现状和趋势初步已经适应了国家重工业和国防工业建设的优先需要。

对于各种业余的短时技术培训班也在这一恢复时期取得了一定的发展成果。1949 年新中国成立前，技术工人的培养，主要是靠师傅带徒弟的学徒制，并不主要依靠学校的系统性培养。其中一些附设在工厂或学习系统的短期技术培训班经过国家的调整和整顿之后，也在 1952 年增设了不少学校和在校学生，为国民经济各部门输送了一批技术工人，这也为当时一部分失业工人解决了再就业的问题，并为接下来"一五""二五"计划发展技工学校准备了条件。

在新中国成立前夕举行的中国人民政治协商会议上，提出新社会人民当家作主，根据国家的需要每个人都应该有自己合适的工作岗位，使生活得到充分的保障。因此只有劳动分工的不同，而不会再出现从谋生出发的择业、从业、立业等就业问题，需要努力的只是如何更好地端正工作态度、掌握劳动本领和提高业务技术水平。

1950 年 4 月，中华职业教育社对过去工作的思想和实践做出反思，与国家政府部门共同做出要将新中国的技术教育与旧社会中的职业教育相区别的决定。自此，中华职业教育社纳入政府的教育系统，以从事技术教育和业余教育为主，取代职业教育。在我国召开的首次全国教育工作会议上提出"中等技术学校"要重点发展，以期满足培养大批中级建设干部的要求。① 1950年6月，为了适应国家建设的需要，周恩来同志提出可以"创办中等技术学校"②，新中国成立之后，各级政府陆续将旧中国中的公立、私立职业学校和技术补习学校进行整顿和改造，大多数改为中等技术学校。再加上在各地新设立的中等技术学校，逐渐为新中国成立初期的教育体制注入新的中等技术教育学校元素。③

1951年10月，政务院颁布新中国建立以来第一个学制体系《关于学制改革的决定》，其中以"教育为国家建设服务，学校向工农开门"作为新时期学制改革的基本方针。这在当时具有教育的先进性，也弥补了传统学校系统中没有工农干部学校和业余补习学校地位的缺陷，设立了工农速成中小学和业余中小学。在1951年的学制中设有中等技术学校类，其中包括了技术学校（工业、农业、交通、运输等）、医药及其他中等专业学校和师范学校三类。同时还规定技术学校的招生入校年龄、修业年限，各类技术学校均可设立短期技术训练班或技术补习班等。④

虽然1951年该学制系统中区分了初级、中级技术学校与中等专业学校培养的人才对象面向的行业不同，虽然有生产领域与非生产领域的行业区分，但是两者都可以统称为"中等专业学校"（1954年后取消了初级技术学校，中专便定位在高中层次）。对于办学主体，在1951年8月，周恩来总理提出要根据现在的需要与未来的发展，中等专业学校由教育部督导、各业务部门或企业单位办理。⑤ 从此以后，一部分综合型大学仍归于教育部统管之外，一些专业领域较为单一的本专科学校基本上被相对应的业务部门接管。针对中

---

① 金铁宽．中华人民共和国大事记［M］．济南：山东教育出版社，1995：12.
② 周恩来．周恩来教育文选［M］．北京：教育科学出版社，1984：2.
③ 俞启定，和震．中国职业教育发展史［M］．北京：高等教育出版社，2012：129.
④ 中央人民政府政务院关于改革学制的决定［R］．天津：天津市人民政府，1951：29.
⑤ 周恩来．周恩来教育文选［M］．北京：教育科学出版社，1984：31.

等技术教育的发展，1952年政务院制定了《关于整顿和发展中等技术教育的指示》，对中等技术学校的设置、变更、停办、分科、招生等日常行政事宜，应分别由有关业务部直接决定。从中等专业学校的起源来看，一方面，在很大程度上受到了苏联教育模式的影响，另一方面，又与老解放区的中级干部教育有许多相似之处。

新学制颁布之后，中等技术教育得到了前所未有快速的发展。但由于当时经济水平低，现代工业少，技术教育基础薄弱，导致学校的培养目标不明确，专业设置缺乏针对性，生产教育内容与国家经济建设需要脱节等。随着这些情况的出现，1952年8月，教育部发布的《中等技术学校暂行实施办法》，规定私立中等技术学校经过程序批准之后改为公立学校。1953年7月国家政府部门针对中等技术教育学校的专业设置与毕业学生的工作分配分别做出了通知与指示。对于每个业务部门接管的专业性教育中的中等专业学校要依据生产发展培养技术工人，设置专业需要以集中统一计划作为指导原则。中等专业学校所设的专业要遵循校与校之间尽量集中单一，学校内专业与专业之间尽量相近，使科目与科目之间呈现相关性，从而实现专门化与单一化的统一。总的来说，在"专业化与单一化相统一"的技术教育思想指导下，高等院校与中等专业学校都进行了适当的调整，做到学用一致。

二、为社会主义现代化服务的技术教育思想的提出与实践

在社会主义改造时期，"一五"计划期间，我国借鉴苏联的办学经验，对技术教育进行调整，并提出了各级各类的技术教育都能够为社会主义现代化服务的技术教育思想，并指导技术教育工作逐步走向为社会主义现代化服务的轨道。

1954年11月《中等专业学校章程》的颁布，对中等专业干部的培养目标提出了一定的要求，其中明确了"为社会主义服务"的培养目标[①]，在社

---

① 俞启定，和震. 中国职业教育发展史［M］. 北京：高等教育出版社，2012：132-136.

会主义改造期间，全国就设立了诸多建设项目，加上老厂的扩建改造，需要大量的技术工人，技工学校也有了很大的发展，其在办校形式、教学内容、教学方法上都全面学习了苏联的经验。在此期间国家和有关部门都很重视技工培训，师资、经费、基建、产品及学生分配等，都列入计划或者落实措施。1955 年，在全国首次技工学校会议上，技工学校的发展方针是以"生产实习教学为主"，并为社会主义现代化服务。在此阶段学习苏联并引进苏联技工学校的教学计划、教学大纲和教学方法，采取了理论课与生产实习隔周学习的时间安排。生产实习教学改变了之前的实物制，采用了课堂教学形式，个别工序复合作业的方式进行。技工教育逐步形成了一个体系，趋向正轨。①

在社会主义改造期间，中国共产党坚持社会主义工业化建设与社会主义改造同时并举，国家开展了大规模的经济建设，需要用现代先进的技术扩大和改造原有的工业部门，以便更快地奠定我国社会主义现代化的基础，工农业生产的顺利发展也迫切需要大量懂得现代技术的各种建设人才的补充。我国的职业技术教育基础比较薄弱，技术力量缺乏，当时，除技术装备、产品设计外，更急需的是在生产第一线能从事现代企业组织生产施工与安装、检测等工作的中级技术、管理人才，以及大量的技术工人，这是对职业技术教育提出的要求。对于中等技术学校，在 1953 年政务院关于文化教育工作的"整顿巩固、重点发展、提高质量、稳步前进"的总方针指导下，在完成调整整顿的基础上，力求学校布局与国防建设和经济建设相适应，服务于社会主义现代化的国防与经济建设。建厂与建校同时进行，专业分工细致明确，培养出来的技术人才具有行业对口性，能够更好地为社会主义现代化提供人才支撑。对于技工学校，随着社会主义建设事业的发展继续创办，提高教育质量，切实培养技术工人。

新中国成立之初，学习苏联教育模式成为主题，1950 年我国不断聘请苏联的专家学者来华参与教学，参考和翻译了苏联的教学计划、教学大纲、教

① 华东师范大学教育科学研究所. 技术教育概论 [M]. 上海：华东师范大学出版社，1985：25.

材等各种有关的资料和专业设置经验，在我国建立了自己的一些规章制度，并改进了相关的教学和管理方法，但是学习苏联经验时，也出现了结合中国实际情况不足的问题。在上文所提到1954年9月颁发的《中等专业学校章程》在一定程度上促进了教育制度的积极发展。原有的职业技术学校，存在教学方面理论与实际相脱离、学用脱节的问题，而在社会主义改造期间，实行了理论与实践相一致的专业教育，建立了中等专业教育的制度，培养了新型的中等专业人才。

在培养目标上，考虑国家社会主义建设事业越来越需要质量较高的技术工人，同时也由于技工学校本身有了一定的培训条件，能够保证培训质量。我国对技工学校的培养目标在《技工学校暂行办法（草案）》中只是强调以"生产实习教学为主"，培养既具备技术理论知识同时又掌握实际操作技能，到实际工作中可以较快进入工作状态的人才。到了两年之后，国家颁布了《工人技术学校标准章程（草案）》，将培养出来的技术工人从原来规定的四级拓展到四级、五级两个级别，并要求技术工人除了懂得技术理论知识和掌握实际操作技能之外，还能够"全心全意为社会主义建设服务"。关于学校规模和工程设置，主要根据生产建设的需要确定，也必须考虑有利于组织教学、安排生产实习和保持相对稳定的因素。各产业部门根据国家批准的技工培训计划，设置的技术知识文化课程对于基本理论知识与技术操作能力两方面都越来越看重，另外还提高对教师的教学要求等；生产实习课程主要是结合生产进行，重在培养学生的基本操作技能和解决实际问题的能力。

总的来说，社会主义改造时期，技术教育事业能够根据国家社会经济发展建设的需要，有计划有目的地培养社会主义现代化建设所需要的各类技术人才，也逐步完成了技术教育事业的社会主义改造，使技术教育事业的各项工作都确立了能够为社会主义现代化服务的基本方向。

三、半工（农）半读技术教育思想的进一步发展与运用

我国在完成社会主义改造和超额完成了"一五"计划的各项指标之后，

逐渐意识到照搬苏联教育模式产生的困境，并开始摸索可以适应我国社会主义事业建设具体实际情况的教育。特别是对于技术教育事业的发展，积极开展了以"半工半读、半农半读"的技术教育思想为指导的教育改革。

早在1958年毛泽东同志就在《工作方法六十条（草案）》中倡导让相关技术学校办厂实现自给或半自给，同时可以让学生实行半工半读。[①] 半工半读是与勤工俭学联系在一起的。教育部发出支持共青团中央发布勤工俭学的决定的通知。半工半读的指导思想是毛泽东同志提出的"智力与劳力均衡发展"的另一表现形式，但实际上与马克思所提出教育与生产劳动相结合的指导思想又具有本质相同性。

1958年3月，劳动部在我国技工学校工作会议上提出生产与教育应在技工学校中成为统一，做到既是学校，又是工厂；既是学生，又是工人；既是学习，又是劳动。技工学校要做到培养人才与产出产品相统一，使学校既能够达到满足自己的经费需要又能够使学生的实践能力得到锻炼。这种要求既出产品又出人才的方针是在当时国家社会经济较为落后，发展技术教育的情况下较为适合的方式。教育部也于同月发文决定中等专业学校组织部分学生下放到本部门所属工矿企业参加生产劳动，或半工半读，或在校参加生产劳动。到了同年5月，刘少奇同志在天津市视察时对试办半工半读学校与新的教育与劳动制度做出了指示。1958年5月29日，《人民日报》发表社论《举办半工半读的工人学校》指出举办半工半读的工人学校是"培养工人成为知识分子的重要形式""值得大大提倡"。[②] 毛泽东同志在1961年7月30日庆贺江西共产主义劳动大学成立三周年的信中说："你们的事业，我是完全赞成的。半工半读，勤俭办学，不要国家一文钱，小学、中学、大学都有，分散在全省各个山头，少数在平地。这样的学校确是很好的。"[③] "我希望不但在

---

① 毛泽东. 毛泽东文集：第7卷［M］. 北京：人民出版社，1999：355.

② 举办半工半读的工人学校［N］. 人民日报，1958-05-30（7）.

③ 毛泽东. 毛泽东文集：第8卷［M］. 北京：人民出版社，1999：282-283.

江西有这样的学校，各地也应有这样的学校。"① 毛泽东同志给江西共大的信中提到大力推进了半工半读教育的发展。1964 年 5 月，在中共中央工作会议上提出要推行半工半读、半农半读的两种教育制度与两种劳动制度。随后，刘少奇同志在京、津、皖、鲁、鄂、桂等省市视察时先后做了十多次讲话，反复论述半工半读、半农半读这两种劳动、教育制度具有多方面的重要意义。在举办学校和普及教育中能够自给自足，又能够培养出智力与劳力均衡发展的全新劳动者。在半工（农）半读技术教育思想的指导下进行的实践活动中，各省、市、自治区试办半工（农）半读学校，在试验的基础上总结经验、逐步推广，还提出"五年试验、十年推广"的实施方针和步骤。1964 年全国有18 个省、市制订两年试办半工半读的规划，全国半工半读性质的中等技术学校达 1800 多所。② 各地实现多样化的办学形式：有专设的半工半读中等技术学校，举办这类学校以工厂企业为最多；有在全厂职工中实行半工半读制度；有各种半工半读中学，主要是学习初中的一般课程，以文化为生产，为生产服务。③

在"半工半读、半农半读"的技术教育思想的指导下，半工半读学校得以创办和发展，从而形成了全日制、业余和半工（农）半读三种学校类型。对于中等技术学校与技工学校，在不需要国家拨款的情况下，有条件的可以试办工厂或农场，做到学校自给或半自给，而学生做到半工（农）半读，高等工业学校也需要在保证教学与科研之外，尽可能地生产。④ 从长远来讲，两种劳动制度、两种教育制度的指导思想可以逐步地消灭脑力劳动与体力劳动的差别。

半工半读、半农半读的技术教育思想受到党和国家领导人的高度重视与肯定，并在实践中以"五年试验、十年推广"的实施方针推广。由于党和国

---

① 毛泽东. 毛泽东文集：第 8 卷［M］. 北京：人民出版社，1999：282-283.
② 郝克明. 当代中国教育结构体系研究［M］. 广州：广东教育出版社，2001：115.
③ 俞启定，和震. 中国职业教育发展史［M］. 北京：高等教育出版社，2012：149-150.
④ 周恩来. 周恩来教育文选［M］. 北京：教育科学出版社，1984：144-145.

家领导人的亲自领导和部署，各省、市、自治区和中央各有关部门对此十分重视，积极推进举办多种形式的半工半读学校。第一，半工半读中等技术学校。招收初中毕业生，培养又红又专，能文能武，既能体力劳动又能脑力劳动的新型劳动者。举办这类学校，以工厂企业为最多。第二，半工半读中学。招收高小毕业生，以学习初中文化为主，习得技术理论与实践知识为辅。学生在学习结束之后可以选择继续升学或者继续就业或下乡参加生产劳动。第三，在全厂职工中实行半工半读。每日用 1~2 小时或每个星期，从生产时间上或业余时间上都抽出一定的比例进行学习，从而实行半工半读制度。还有少数单位试办"厂校合一"的半工半读，即把企业和学校合并，学生和工人混合编组，然后逐步精简工人，以学生为主要劳动力，逐步达到"厂校合一"。第四，半工半读学习的改办，规定了学制的基本年数，且确定了培养的人才不仅要有社会主义觉悟，还要有中等文化科学技术知识、有生产操作技能、身体健康，既能从事体力劳动又能从事脑力劳动。其中生产劳动与理论教学时间基本上各占一半。

1965 年教育部分别召开了关于农村半农半读教育会议与城市半工半读教育会议。1965 年 3 月召开的半农半读会议，总结交流了各地试办半农半读学校的经验，明确了实行两种劳动制度、两种教育制度的重要性和必要性。刘少奇听了会议情况汇报后指出：应当采取积极试办的报告。同年 7 月，中共中央批转了教育部关于这次会议的报告。同年 10 月召开的半工半读会议期间，中央政治局专门召开了扩大会议，听取了汇报，进行了讨论。刘少奇、周恩来以及其他中央领导同志做了指示。会议确定，在战略上要坚持半工半读的方向，在战术上要采取慎重的态度，积极试办，逐步推广，要坚持"五年试验、十年推广"的方针。1966 年 5 月 21 日，中央转发了教育部关于这次会议的报告。中央批示：城市半工半读教育必须坚持"五年试验、十年推广"的方针，重点放在招收初中毕业生的中等技术学校。

在半农半读思想的指导下，对于农业技术教育也开展了半农半读的办学形式。群众自办的农业中学兴起，在 1963 年颁布了《关于调整初级中学和加强农业、工业技术教育的初步意见》，其中强调要加强发展技术教育，特别是在首要加强的农业技术教育中创办一些"半农半读"性质的农业中学。随着半工半读教育试验的开展和"两种劳动制度和两种教育制度"的提出，农业中学也积极推行耕读结合，文化知识的学习与农业劳动的时间比例有"四四制"与"六二制"两种基本方式来开展半农半读。可以说半农半读思想的践行是符合我国基本国情的，但是半耕半读思想还是存在一定的局限性。耕读结合的教学形式，还停留在传统劳动生产水平上，技术含量较低，不是深层次上的理论与实践相结合。①

　　总的来说，中国共产党的半工（农）半读技术教育思想发展和深化了马克思主义教育理论，其理论与实践基础有两方面。一方面来自马列主义经典作家教育与生产劳动相结合的理论。无论马克思、恩格斯还是列宁，都极力主张教育必须与生产劳动相结合。这种理论与中国的技术教育发展实践相结合，成了最重要的理论支撑。在阐述半工（农）半读制度思想时，刘少奇同志肯定了半工半读或半农半读都是列宁所实行的一种综合技术教育。② 另一方面的理论基础是中国传统半耕半读思想，是将马克思主义教育与生产劳动相结合。理论与中国职业教育实践相结合的产物，也是对其的继承和发展。

四、中国共产党技术教育思想的曲折发展

　　1958 年以来，我国的技术教育事业有了一些曲折的发展，也得到了一些经验教训。1958 年，中共中央在《关于发展国民经济的第二个五年计划的建议报告》中就提出工业技术人才和科学研究人才的培养是国家建设过程中教育工作的首要任务。1958 年中共中央召开教育工作会议，提出党的教育工作方针是教育为无产阶级政治服务，教育与生产劳动相结合，并出台了《关于

---

① 俞启定，和震．中国职业教育发展史［M］．北京：高等教育出版社，2012：145.
② 中共中央文献研究室．新中国成立以来重要文献选编：第 19 册［M］．北京：中央文献出版社，1993：542.

教育工作的指示》。① 其中指出中等专业技术学校办学体制中要提倡多渠道多形式的办学。在中国共产党技术教育思想的指导下，此时中等专业技术教育深入开展办学体制改革和进行以教育与生产劳动相结合为主体的教学体制改革。而在技术教育事业的发展管理中，1958 年 2 月我国将高等教育部和教育部合并为教育部，并在教育部设有中等专业教育司，综合管理全国的全日制中等专业学校，仍由劳动部继续负责全国技工学校的综合管理工作。1958 年4 月，中共中央发出《关于高等学校和中等技术学校下放问题的意见》，而 7 月劳动部又从 144 所技工学校中划出 75 所下放省市。紧接着同年 8 月，中共中央、国务院发布《关于教育事业管理权力下放问题的规定》，无论是公办或民办的职业中学、一般的中等专业学校和各级业余学校的设置或发展都由地方自行决定。特别是在教学教材方面，各地方可以依据"因地制宜、因校制宜"的原则，对教育部和中央主管部门颁发的各级各类指导性教学计划、教学大纲、教材、教科书等进行修订和补充，甚至可以自编教材和教科书。中共中央、国务院在《关于教育工作的指示》中，还提出要"两条腿走路"来办教育事业，打破了国家统办专业技术教育的局面，走出了多种渠道多种形式办学的新路子，并且强调了要将教育与生产劳动相结合，学校也要将生产劳动列入正式课程，在学校办工厂农场或在农场、合作社办学校。

　　1957 年至 1960 年间，职业技术教育由于发展过快，规模过大，不顾主客观条件的影响，超过了国民经济的负担能力，特别是超过了农业生产水平，也超过了教育事业本身的综合发展条件。教育部在 1960 年 12 月召开的第二次学校调整工作会议上提出应根据事业分工，按中等专业人才承担职责范围，需求量大的，可单独设置，不需成批培养中等技艺人才，可采用师傅带徒弟或培训班的方式解决。1963 年 4 月，教育部在北京召开全国教育会议，确定进一步调整教育事业和精简学校教职工的决定。会议中提道：要贯彻两条腿走路的方针，提倡人民举办各类教育事业，允许形式多种多样，一般技术学

---

① 俞启定，和震. 中国职业教育发展史［M］. 北京：高等教育出版社，2012：147.

校、工艺学校，可以以公办为主，民办为辅，并允许个人开办。职业技术教育经过调整整顿后，随着 1963 年国民经济的好转，又重新发展起来。

在调整工作中，对各类职业技术学校做了较大压缩后，城市普通中学发展了，但城市仍有大量的初中毕业生不能升学，他们又缺乏必要的劳动就业的思想准备和职业技能训练。1963 年 3 月 23 日，中共中央在《关于讨论试行全日制中小学工作条例草案和对当前中小学教育工作几个问题的指示》中指出，要认真贯彻执行普通教育与职业教育并举的两条腿走路的方针。要求在城市中举办各种类型的职业学校，同时还有计划地组织城市与农村中一些无法升学的初、高中毕业生给予短期的职业、技术训练。同年 10 月，周恩来总理召集教育部及有关部委、团中央、全国妇联负责人讨论中小学教育和职业教育问题。周恩来总理明确了中小学教育与职业教育办好的重要性，普通中小学教育与职业教育缺一不可。努力办好职业教育，并规划发展一批职业学校，甚至在各系统单位或军队都办一些。1964 年年初，中共中央、国务院转发了教育部拟定的《中小学教育和职业教育七年（1964—1970）规划要点（初步方案）》，在此之后，职业学校大量兴办起来。

中国共产党技术教育思想在此发展阶段，虽然已经从萌芽与确立时期转向逐步趋好的发展态势，但是这一阶段呈现出曲折发展、借鉴与反思的特征。1958 年教育改革中出现了曲折的发展，之后也有不少的经验教训。其中技术教育思想在借鉴苏联的发展过程中也出现了单一性的问题，许多相近的学科被合并起来了。而自 1958 年以来，在农村，除办有农业中等专业学校外，还创办了农业中学，这是农村技术教育的突破，既培养了农村建设所需要的技术力量，又为普及初中教育创造了条件。"文化大革命"时期，技工学校中规模和办得较好的学校也改为了工厂，其他都全部停办，直至"文化大革命"结束之后才复办学校，这让技术教育少培养了众多学生，直接影响了职工队伍素质的提高，工人队伍技术劳动者都得不到正常的补充。

但总的来说，中国共产党技术教育思想在此发展与运用的过程中，既存在着技术教育的曲折发展，也逐步在整个技术教育大系统里形成了几个子体

系，比如，中等技术教育思想体系、技工教育思想体系，中国共产党的技术
教育思想接下来又呈现了新的发展态势。

第三节　中国共产党技术教育思想的进一步新发展

在 1978 年 11 月召开的全国技工培训工作会议，重新规定了学制和制订
了教学计划，颁布了《技工学校工作条例》，使技术教育开始有了新的起
点。① 在 1985 年中共中央提出了"大力发展职业技术教育"的思想方针之
后，我国的技术教育事业得到了繁荣发展。党的十八大又提出"加快发展职
业教育"的思想方针，使新时期的技术教育事业有了新的指导思想。

一、"大力发展职业技术教育"思想方针的提出与作用

（一）"大力发展职业技术教育"思想方针的提出

1985 年中共中央召开全国教育工作会议，发布了《中共中央关于教育体
制改革的决定》（以下简称"决定"），指出我国社会主义现代化建设急需受
过良好技术教育且具备技术知识的劳动者，来支撑我国的科学技术与机器设
备能够向现实的生产力转化。在该决定中还指出要注意在加强扩大职业教育
时训练范围同时要配合基础教育，这样才能培养出具有较强适应性、创造性
和更新知识能力的现代工人。②

现实中经常会将劳动教育等同于生产劳动技术教育，教育同生产劳动相
结合被理解为受教育者参加生产劳动，而参加生产劳动的主要目的是改造思
想，这种思想导致了学校以体力劳动、勤工俭学、公益劳动、自我服务劳动

---

① 华东师范大学教育科学研究所. 技术教育概论［M］. 上海：华东师范大学出版社出版，
1985：28.

② 程敬宝. 综合技术教育的功能与现代教育改革：兼论马克思主义综合技术教育思想的伟
大意义［J］. 东北师大学报（教育科学版），1988（3）：13-18.

对生产劳动技术教育的取代。普通教育与职业教育的割裂对立以及各自不健全的教育阻碍着技术教育向综合性方向发展。① 这一关于教育体制改革的决定，将职业技术教育在我国的教育体系中确立了地位与作用，提出了"大力发展职业技术教育"的工作方针。强调要造就数以亿计的各行业有文化、懂技术、业务熟练的劳动者，数以千万计的具有现代科学技术和经营管理知识的劳动者，数以千万计的能够适应现代科学文化发展和新技术革命要求的各个行业的工作者。而这些劳动者除了有扎实的技术理论知识之外，还需要树立为社会主义事业建设服务的精神，并具有献身精神和追求新知的科学精神。确立了工作方针之后，职业技术教育更迫切需要进行改革和发展，培养大量的工艺技术人才以充实到各个行业之中，以求普遍提高劳动者的政治、文化和技术素质。

随着 1978 年邓小平同志《在全国科学大会开幕式上的讲话》到 1985 年的《关于教育体制改革的决定》再到 1991 年的《关于大力发展职业技术教育的决定》的不断推进，我国对教育的指导思想主要集中在"大力发展职业技术教育"，职业教育的发展也开始转移到高等职业教育方面。科学技术是"知识形态的"的生产力，渗透在劳动力、劳动工具、劳动对象三个要素之中，而要将科技转化为物质生产力，需要依靠教育，更需要职业技术教育培养出数以亿计的熟练劳动者和技术人才。1985 年的《关于教育体制改革的决定》更是要求逐步建立起一个从初级到高级、行业配套、结构合理，而且与普通教育相沟通的职业技术教育体系。

对于具体如何发展职业技术教育这个问题，邓小平同志提出了加强师资队伍建设、调动社会力量和通过教育与生产劳动相结合培养学生的操作能力和应用能力三个方法。② 从 1985 年的《关于教育体制改革的决定》、1991 年

---

① 程敬宝. 综合技术教育的功能与现代教育改革：兼论马克思主义综合技术教育思想的伟大意义 [J]. 东北师大学报（教育科学版），1988（3）：13-18.
② 王建勋，黄立志. 试论邓小平职业技术教育思想及其发展 [J]. 辽宁教育学校学报，1999（6）：36-38.

国务院发布的《大力发展职业技术教育的决定》等都体现了我国的职业技术教育逐渐走向有法可依的新局面。1993 年《中国教育改革和发展纲要》规定了"积极发展职业技术教育"和"发展职业技术教育要适应当地经济的发展需要"。特别是 1996 年我国首部《职业教育法》的颁布更是保证了职业教育改革与发展的顺利进行。

在农村学校教育中，存在学生只学习科学理论知识难以成为全面发展的新型劳动者的基本现状。因此，农村的职业技术教育急需改革。1985 年《关于教育体制改革的决定》中又指出发展职业技术教育，在农村要与产业结构调整和满足农民劳动致富的需要相适应。根据上述指导意见和工作方针，1987 年 1 月《关于全国职业技术教育工作会议情况的报告》提出农村的教育要从办学的目的上进行根本转变，不再只为了升学而办学，而是为本地区两个文明建设服务和兼顾向高一级学校输送新生，为了振兴农村的技术教育而办学。1986 年 10 月我国教委会连同几个部门一起下发《"七五"期间农村青年实用技术训练规划要点》，提出了"七五"期间，通过普及性短期培训和提高性质的长训班分期分批训练技术工人，通过短期的培训可以使劳动者掌握一两项具有本地经济适用性的先进技术，而以提高为目的的长期训练班则系统学习一项专业知识和现代化的经营管理知识，为进一步培养农村专业技术人才打好技术教育基础。

(二)"大力发展职业技术教育"思想方针的指导作用

从上文我们可以知道，自从 1985 年《中共中央关于教育体制改革的决定》颁布之后，职业技术教育就出现了一个高速发展的历史时期。党和政府对职业技术教育高度重视，不仅在管理和教学上进行了改革，而且在政策措施上也给予了一定的保障。在"大力发展职业技术教育"思想方针的指导下，自 20 世纪 80 年代中期以来我国职业教育特别是中等职业技术教育有了快速迅猛的扩展，在规范化管理和法制建设方面取得了令人瞩目的成果。

对于职业教育发展的领导和统筹也不断进行加强，1985 年国家教委建立了职业技术教育委员会，主要任务是协调职业技术教育相关方面的工作，对于处于多元管理体制的职业教育的发展有重要的促进作用。1987 年 1 月国务院办公厅发布了《关于全国职业技术教育工作会议情况的报告》，提出了对有关职业技术教育的管理分工协作，全国职业技术教育事业从宏观上由国家教委统筹管理，而对于其中技工学校、就业培训、学徒培训等还是由劳动人事部门管理。1986 年 11 月，针对技工学校的办学情况、教学工作的安排、技工学校学生的生产实习等问题，国家颁发了《技工学校工作条例》。其中规定技工学校办学形式可以采取多样化的形式，工种设置，即专业设置，要以技术复杂、技术知识要求高的为主，而技工学校的教学要着重操作技能的训练，并兼授学生与培养目标相近的文化与技术理论基础课程。

到了 20 世纪 90 年代前期对于职业教育发展有了新的规划和相关政策，1991 年 10 月国家中央政府颁布了《国务院关于大力发展职业技术教育的决定》这一针对职业技术教育的指导文件。该决定在 20 世纪 90 年代使大多数新增劳动力能够满足生产发展的需要，基本得到了能够适应从业岗位需要的技术培训，而对于一些劳动岗位要求专业技术性较高，就业者也能受到系统的高水平职业技术教育。而且在该决定的直接作用下，我国初步建立起了有中国特色社会主义的，层级分明、结构合理又能与普通教育协调相沟通发展的职业技术教育体系的基本框架。青少年在普通教育的各个阶段之后如不能升学而进入工作岗位，在入职之前还需要接受多种不同程度的短期培训，另外职业技术教育因素还需要适当解读并积极融入普通教育。对现有的各类职业技术学校要有计划地加强规范化建设，岗前的技术培训更加注重在成人教育中开展，成人教育与职前的职业技术教育之间要密切合作。对于短期职业技术培训更鼓励广泛开展，办好各地包括就业训练中心在内的职业培训中心，短期培训也可以在一些层次高、专业性强的职业技术教育中心开展。

1993 年国家发布了《中国教育改革和发展纲要》，确定了职业技术教育的发展目标、战略和指导方针，其中还强调了要通过较大幅度增加职校在校生数和对未升学的初、高中毕业生进行普遍的培训，使城乡新增劳动力上岗前能够得到必需的"职业技术训练"，且要开创充分调动各界办好各类各层次职业技术教育的局面。1994 年 7 月，《关于〈中国教育改革和发展纲要〉的实施意见》的发布，不仅规定了职业教育的培养目标，还首次提出了开展残疾人职业技术教育的意向。职业教育要培养适应社会发展需要的具有一定专业技能的熟练劳动者和使用人才。而对于残疾人的职业技术教育要结合大、中城市和经济条件较好的农村的实际情况优先发展。而随着职业技术教育发展的速度不断加快，对法律法规的保障需求不断增强。同年 7 月《中华人民共和国劳动法》颁布，其中第八章"职业培训"规定，国家可以通过各种途径，采取各种措施，进行发展职业培训事业，开发劳动者的职业技能，提高劳动者的素质，增强劳动者的就业能力和工作能力。

　　近代以来，我国的高等专业学校虽然也标榜着培养应用技术型人才①，但实际上办学模式依然是依照普通教育的模式进行。条件较好的高等专业学校也是以升转为本科院校为发展目标，这种风潮在新民主主义革命时期就有。改革开放以后，在建设社会主义现代化国家的迫切趋势下，大力提倡发展职业技术教育，尤其是中等层次的职业技术教育。而这个时期高等职业教育也逐渐兴起并兴办了许多短期职业大学。最早的短期职业大学多为地方举办，招收自费生，是为了补充地方经济发展所需要的应用型人才而设立的。1995 年 10 月教育部发布了《关于推动职业大学改革与建设的意见》，其中对职业大学的地位给予肯定，强调职业大学是我国高等教育的一种办学形式，强调要"密切围绕培养应用型人才"的特点，在确定培养目标和专业设置上要以职业为导向，依据岗位所需的技术知识、能力结构和职业发展来考虑。职业大学虽然承认是我国高等职业技术教育的重要组成部分，但是其兴办的过程在当时的历史条件下存在着先天的基础薄弱、社会地位不高、多数是社会力量办学、国家教育行政部门大部分没有承认学历等问题，导致其发展难度很大。

　　而对于高等职业教育的培养目标，整体上是定位于"培养高级技艺性人

---

① 1929 年《专科学校组织法》规定"以教授应用科学，养成技术人才"为目标。

才"，在大力发展职业教育的大背景下，鉴于高等职业教育发展的实际需求，有关部门也开始构建高职院校的发展。在 1994 年全国教育工作会议上李岚清提出了发展高等职业学校的有效路径，将现有的职业大学、成人高校和部分高等专科学校调整好专业方向及培养目标，以求达到改建、合并和联合办学的发展目标。1996 年全国职教工作会议中，李岚清在会议报告中又再次强调发展高等职业教育要充分利用现有的资源和设施来实施。高职院校的构建要从原有的高等专科学校、职业大学、独立设置的成人高校和部分符合条件的中等专业学校这四部分力量进行改进和构建。在 1985 年《中共中央关于教育体制改革的决定》提出"大力发展职业技术教育"之后的二三十年间，中等职业教育确实保持了一个快速发展的势头，招生人数也在稳步上升。普通高中招生人数继续下降，普通高中人数和中等职业学校的学生人数规模差不多相等。

在保持如此规模的情况下，职业教育的改革也是发端于新时期教育领域的改革，以中等教育结构的改革为重点，以最早体现向世界开放并以引进德国"双元制"办学模式作为标志。20 世纪 80 年代开始我国引进德国的"双元制"，源于当时国内对独具特色的德国职业教育的浓厚兴趣和德国对扩大影响开拓中国市场的需求。在双方政府的积极推动下，中德之间的职业教育合作，包括职教研究机构的合作都积极地开展起来。到了 20 世纪 90 年代，中德合作项目的教育部职业技术教育中心也先后建立起来了，工作重点是加强国家和经济界在职教领域内的合作，加强由企业和学校共同承担的继续教育。特别是 1994 年，中德双方更是成立了中德职业教育工作小组，加强了由企业和学校共同承担的继续教育，继续推广"双元制"试点的经验，长期保证"双元制"职业教育的资金，保障实训教师的地位，加强职业咨询和职业信息工作等。

江泽民同志在 2000 年《关于教育问题的谈话》和全国教育工作会议上的讲话，阐述了中等职业教育在我国经济和社会发展中的重要作用，对于几类学生群众对象（包括无法继续升学的学生、渴望获得技能知识的城乡学生等）

要积极地对他们开展生产技术知识、技能服务等方面的教育，而这些都需要各级各类职业技术学校的积极举办。江泽民强调要在现有基础上"努力办好各级各类职业技术教育"，并促进中等职业技术教育呈现继续发展的趋势。2002 年 7 月，朱镕基同志提出要把承担着为培养高素质劳动者和各类具有专门技能的人才提供职业培训的重大任务的职业教育"摆在更加重要的位置"，作为实施"科教兴国"的大事来对待。接下来产生的《国务院关于大力推进职业教育改革与发展的决定》也重新确立了职业教育在我国社会主义现代化建设中的重要地位，明确了"十五"期间要为社会各类有接受技能训练、岗前培训需求的学生、劳动成员提供各级各类的职业教育与技术培训。对于农村的技术训练与劳动力的技能培训国家也非常重视。对此，2005 年 3 月教育部印发了《关于实施农村实用技术培训计划的意见》，旨在面向乡村开展实用技术培训，提高劳动力的科技文化素质。2010 年国家更是对职业技术教育提出了十年规划，在发展方式转变和经济结构调整转型升级的背景下，职业技术教育的发展要"体现终身教育理念"①，体现了自 1985 年以来"大力发展职业技术教育"思想方针的提出，技术教育已经从"造就有文化、懂技术的劳动者"开始转向"促进人的全面发展"。

二、从"加快发展职业教育"到内涵式改革发展的思想方针

"历史唯物主义者，研究和解决任何问题都离不开一定的历史条件。"②技术教育的核心思想从"摆在更加重要的位置"、作为实施"科教兴国"的大事来对待、"努力办好各级各类职业技术教育"到"培养高级技艺性人才"等演变都离不开一定的社会历史条件。

当前，世界正处于百年未有之大变局，国内外形势正在发生深刻复杂的变化。在全面建设社会主义现代化国家新征程上必定会面临日趋激烈的科技、

---

① 中共中央，国务院 . 国家中长期教育改革和发展规划纲要（2010—2020 年）［R］. 北京：人民出版社，2010：15.

② 邓小平 . 邓小平文选：第 2 卷［M］. 北京：人民出版社，1994：119.

人才等竞争。为了在新时期的国际竞争中取得主动权,满足全面深化改革的发展需要,回应技术创新对科学技术人才的需求,职业技术教育作为与社会经济、产业行业、生产实践联系最为紧密的一种类型教育,必然需要通过新的技术教育指导思想、新的改革发展来回应时代的实践需求,为我国在新征程上社会经济的发展、人民群众美好生活的实现等,提供各层次技术人才支撑。

新的时代实践需求呼吁新的理论思想指导,党的十八大以来,党和国家领导人高度重视科技创新,重视科技创新人才的培养,以习近平同志为核心的党中央适时地对职业技术教育发展的战略定位、立场方向以及内涵式发展的路径都做出了重要论断。

党的十八大以来,习近平总书记明确了职业教育的战略定位,"是国民教育体系和人力资源开发的重要组成部分",具有"使广大青年打开通往成功成才大门的重要途径"的重要作用,职业教育"肩负着培养多样化人才、传承技术技能、促进就业创业的重要职责"的使命,根本任务是"要树立正确人才观,培育和践行社会主义核心价值观,着力提高人才培养质量,弘扬劳动光荣、技能宝贵、创造伟大的时代风尚,营造人人皆可成才、人人尽展其才的良好环境,努力培养数以亿计的高素质劳动者和技术技能人才",党和政府适时提出了"加快发展现代职业教育""为实现'两个一百年'奋斗目标和中华民族伟大复兴中国梦提高坚实人才保障"的决定。习近平总书记多次在重要会议上和视察中强调要加快发展职业教育与培训事业。到了2014年习近平同志在全国职业教育工作会议上明确了发展职业教育的重大意义、工作方针、根本任务、办学方向、支持重点、党政职责等重大问题,体现了新形势下的中国共产党的技术教育思想。党和国家在思想上对职业教育"必须高度重视、加快发展",成为新时期我国职业教育发展的工作方针,大规模的高素质劳动者与技术技能人才的培养需要"创新各级各类职业教育模式"作为支撑,将发展职业技术教育提高到"为实现'两个一百年'奋斗目标和中华民族伟大复兴中国梦提供坚持人才保障"的高度进行看待。

自从我国技术教育在 1985 年《中共中央关于教育体制改革的决定》提出"调整中等教育结构，大力发展职业技术教育"之后，国务院颁布了一些政策确立技术教育发展的基础和地位，技术教育总体上出现了发展高峰期。我国在社会经济发展新常态下，党的十八大报告提出"加快发展职业教育""高度重视、加快发展"职业教育，2013 年中共中央关于全面深化改革若干重大问题的决定中提出"深化体制改革，创新各层次各类型的职业教育模式""牢牢把握服务发展、促进就业的办学方向"，既有战略上的连贯性，又融入了新的时代内涵，与产业升级、技术进步、创新创业、脱贫攻坚的时代要求更加契合。2015 年我国颁布的《中等职业学校德育大纲（2014 年修订）》更是展现了党的十八大以来关于职业教育素养的新要求，"立德树人"在技术教育发展中的指导思想更加全面，也为接下来倡导的"工匠精神"铺垫思想基础。2015 年 3 月，张德江同志在对全国职业教育的执法检查会议上指出"大力发展职业教育，是加快转变经济发展方式、主动适应经济发展新常态的客观需要""加快发展现代职业教育，促进我国职业教育事业更好地适应经济社会发展"。2015 年 5 月李克强总理在"职业教育活动周"做出批示，"加快发展现代职业教育""实现职业教育的跨越发展"，为提高中国制造水平提供高素质的技术人才支撑。同年 6 月习近平同志在贵州考察时提出"职业教育是我国教育体系中的重要组成部分，是培养高素质技能型人才的基础工程，要上下共同努力进一步办好"。2017 年 3 月 15 日，人力资源社会保障部副部长汤涛提出"大力发展技工教育"，为"十三五"规划的实施储备具有创新能力的技术工人与高技能人才。2019 年习近平总书记在审议《国家职业教育改革实施方案》（简称"职教 20 条"）时，首次明确了职业教育是一种与普通教育具有同等地位的类型教育，要把职业教育摆在教育改革创新和经济社会发展中更加突出的位置。同时还为职业技术教育的进一步全面深化改革锚定发展方向，强调职业教育"要牢牢把握服务发展、促进就业的办学方向"。

至此，职业教育作为一种类型教育的定位思想，破解了职业教育长期以来存在的地位困惑、上热下冷的问题。早在 2006 年教育部出台了《教育部关于全面提高高等职业教育教学质量的若干意见》，曾对高等职业教育作为高等教育的一种类型有过阐述，并明确了高等职业教育在我国社会主义现代化建设进程中具有不可替代的作用。2014 年，国家各部门印发的《现代职业教育体系建设规划（2014—2020 年）》从教育体系的角度分析了职业教育作为类型教育与普通教育并列平行，但并未明确提出"类型教育"的定位。直到国务院出台"职教 20 条"，才首次明确了职业教育是具有与普通教育同等地位的类型教育。2021 年 4 月，习近平总书记在全国职业教育大会再次从"前途广阔、大有可为"上肯定了职业教育在全面建设社会主义现代化国家新征程中的重要地位。之后习近平总书记还反复从职业教育所肩负的培养多样化技术技能人才、数以万计的高素质劳动者、促进就业创业的重要职责和历史重任等方面，对职业教育的类型定位不断优化。

随后诸多重要的职业教育政策文本不断出台，技术教育的发展阶段也从侧重量化的加快发展模式转向注重内涵的全面深化改革新发展阶段。职业教育进入全面深化改革阶段，改革的成效关键在于把握住改革的方向。职业教育作为一种类型教育，既具有普通教育的办学底色，又具有职业教育自身特定的办学方向。办学方向决定办学道路，也决定培养什么人的问题，培养什么人，是教育的首要问题，我们要在事关办学方向的问题上站稳立场。习近平总书记强调，我国教育要培养的是社会主义建设者和接班人，而不是旁观者，更不是反对派和掘墓人。职业教育的办学方向，首先是社会主义办学方向。习近平总书记在 2021 年的全国职业教育大会上强调"要坚持党的领导，坚持正确办学方向，坚持立德树人"，立德树人是职业教育的根本任务，要以社会主义核心价值观为指引，坚持为党育人，为国育才，培养具有国之大者的"大国工匠"。

职业教育又具有自身的特殊发展方向。早在 2014 年习近平总书记就加快职业教育发展做出重要指示，阐明了"职业教育是什么""职业教育怎么办""职业教育为什么"这三个事关职业教育发展的基本问题，并从坚持产教融合、校企合作、工学结合、知行合一四方面为职业教育的发展指明了具体方向。2019 年国务院出台的"职教 20 条"再次指出职业教育的发展要"服务建设现代化经济体系和实现更高质量更充分就业需要"。从职业技术服务于技术进步、培养技术技能型人才、促进劳动者职业发展的特殊属性来看，职业教育要着力于服务发展、服务促进就业。服务发展的要求，不仅明确了职业教育的办学思路，更突显了中国职业教育的鲜明特色；服务促进就业更是反映了党带领人民以职业教育促进实现可持续的充分就业，助力人民实现美好生活的重要思路。

党的十八大以来在经济发展新常态下，中国经济的发展进入一个增速放缓时期，产业结构调整优化、创新驱动的战略转换等方面内容发生转变。这些内容的成功转变必然离不开创新型的高素质技术技能劳动者的支撑，而具有创新能力的劳动者和技术技能人才的造就离不开职业技术教育的规模化与内涵式发展。从国际环境来看，发达国家主要以发展职业技术教育作为未来实体经济回归的重要支撑，必然会使我国在新一轮的国际竞争中需要以职业教育助推经济发展。我国要在新一轮的国际竞争中取得优势，职业教育面临着更加迫切的需求，肩负着更重的使命。

这一阶段中国共产党的技术教育思想是在适应社会经济快速发展，对各类技术人才的高度需求的基础上得到了进一步的新发展。技术教育思想在进一步的发展中有了"促进人全面发展"的新高度和服务于新时期经济发展方式转变的新定位，呈现出更加开放融合、思想方针逐渐从专深向扁平化发展的趋势特征。在党中央的技术教育思想指导下，新时代职业技术教育有了跨越式发展，培养了大批高技能技术人才，促使职业教育的发展打开了划时代意义的新篇章，并在实现"加快发展职业教育"的侧重规模化发展模式已然转变为不断全面深化改革并注重提升职业教育内涵的新阶段。

本章小结

马克思主义的综合技术教育思想，特别是"教育与生产劳动相结合"的教育原理，这些基本的观点在与中国革命具体实际情况相结合的过程中，我国提出了适应革命建设的技术教育思想方针，培养了许多为战争服务的技能人才和劳动者。毛泽东同志提出根据实际情况"实事求是"地发展职业技术教育的思想发挥着一个非常重要的方法论意义。到了新中国成立初期，国家要进行包括技术教育在内的教育事业的恢复和改革，促使技术教育逐步走上为社会主义现代化服务的轨道，提出了为社会主义服务的技术教育思想，同时还要促进技术教育事业适应国民经济的发展而调整改革。到了改革开放之后，技术教育进入了一个新的发展阶段，在为经济建设和建设社会主义事业服务中也面临着新的发展机遇和挑战，党和政府提出了"大力发展职业技术教育"和"加快发展职业教育"的思想方针，指导我国的技术教育事业进一步发展。

由于社会主义事业的建设、改革和发展，伴随着生产技术的进步，产品结构的改变，对新产品更新换代提高质量的要求提升，又加上加工工艺的发展与进步、新工艺新技术也能不断被采用等，这些现象都促使了工厂企业内部的劳动结构需要重新调整变化，因此单一工种的培训也不能适应生产发展的需要。为了培养适应中国特色社会主义建设需要的合格新型劳动者，我们必须认真研究，结合新的条件，使马克思主义的技术教育思想更好地与中国的具体实际相结合，使之具体化，使得中国共产党技术教育思想能够在内容上、方法上不断有新的发展。① 中国共产党领导人毛泽东、刘少奇等马克思主义者都很注意将教育与生产劳动相结合，认为这是保证"智力与劳力均衡发展""理论与实际结合""实现人劳动能力全面发展"的重要途径与措施。② 随着现代经济和技术的快速发展，对各类技术人才提出新的要求，且要求我们在教育与生产劳动结合的内容上、方法上除了理论与实际相结合之外还要不断有新的发展。③

---

① 邓小平 . 邓小平同志论教育 [M]. 北京：人民出版社，1990：62-64.
② 毛泽东，周恩来，刘少奇 . 邓小平论教育 [M]. 北京：人民教育出版社，1994：87-89.
③ 邓小平 . 邓小平同志论教育 [M]. 北京：人民出版社，1990：62-64.

考察中国共产党技术教育思想的历史发展演进过程，中国共产党技术教育思想在萌芽与确立、发展与运用和进一步新发展中都离不开对中国革命、建设和改革过程中技术教育事业的指导，其每一阶段中带有必需的中国特性。① 也就是说，我们用中国的特点去应用它，指导我国的技术教育事业的发展，为现阶段我国产业转型升级、中国产品质量提升、满足技术素养要求的"匠人精神"等培养新一代技术劳动者。

---

① 毛泽东．毛泽东选集：第2卷［M］．北京：人民出版社，1991：532-534.

第四章

中国共产党技术教育思想的主要内容

由上文对中国共产党技术教育思想的历史发展过程的分析，可知我国的技术教育思想是对马克思主义综合技术教育思想科学理论的进一步丰富和发展，是将马克思主义技术教育思想与中国的革命、建设和改革的具体实际和时代特征相结合的理论成果。此部分将从宏观层面、中观层面和微观层面构建中国共产党技术教育思想的主要内容，并对宏观层面的中国共产党技术人才思想、中观层面的中国共产党技术学校发展思想和微观层面的中国共产党技术教学思想分别展开论述。

第一节　宏观层面：中国共产党的技术人才思想

技术教育是培养与提高技术人才的科学技术知识与技术能力实践操作的有效教育形式。[①] 邓小平同志出于对科学技术重要性的认识提出技术教育对培养各级各类技术人才的关键作用。邓小平强调"文化和技术操作水平较高的工人"才能操作各行各业的"新技术、新工艺和新设备"。[②] 而技术人才将技术理论知识、实践技能操作与生产经验等都渗透融入自身这一活跃的生产力要素。在中国经济新常态的背景下，我们要实现创新驱动，需要从宏观层面

---

① 曹均学. 论邓小平职业技术教育思想［J］. 中国电力教育，2008（2）：37-38.
② 邓小平. 邓小平文选：第2卷［M］. 北京：人民出版社，1994：130.

重新审视技术教育与技术人才的关系，并提出要在新的时代特征下融入"人文素养"和"工匠精神"因素，以丰富中国化马克思主义技术教育思想的内容新发展。

一、中国共产党领导人技术人才思想的演变

马克思主义中国化不仅要"解决中国的实际问题"，还要"创造些新的东西"，邓小平同志也提出"世界在变化，我们的思想和行动也要随之而变"①。中国共产党领导人对于技术人才的思想观点也随着历史条件和我国面临具体问题的变化，不断发生新的演变。

1930 年 9 月，为了发展苏维埃地区的文化教育，培养满足革命战争胜利所需要的人才，毛泽东提出了人才的培养目标"智力与劳力要均衡发展的原则""教育与劳动统一的方针"以促进苏维埃的技术教育大力发展。而针对"干部教育"，毛泽东指出要培养"多数才德兼备的领导干部"的人才观，以满足战争和生活的双重需求。1957 年毛泽东同志在《关于正确处理人民内部矛盾的问题》中提道"我们的教育方针，应该使受教育者在德育、智育、体育几方面都得到发展，成为有社会主义觉悟的有文化的劳动者"②。基于此，1958 年党中央又进一步规定了教育为无产阶级的政治服务、教育与生产劳动相结合的方针。周恩来同志在 1963 年对此提出了受教育的人具有社会主义觉悟，愿意为社会主义服务。也就是指受教育者能够通过生产劳动这一社会实践活动成长为"既有社会主义觉悟又有文化素养"的劳动者。③ 周恩来同志认为技术人才有了文化作为根基，在接下来的生产实践中可以在已掌握的技术基础上，运用更新原有的技术，不断解决现实中遇到的技术难题。④ 甚至，

---

① 邓小平. 邓小平文选：第 2 卷 [M]. 北京：人民出版社，1994：274.
② 毛泽东著作选读编辑委员会. 毛泽东著作选读：下册 [M]. 北京：人民出版社，1986：780-781.
③ 周恩来. 周恩来教育文选 [M]. 北京：教育科学出版社，1984：206-207.
④ 周恩来. 周恩来教育文选 [M]. 北京：教育科学出版社，1984：144-145.

"对一些失业的人缺乏专门的知识和技术，需要加以训练起来"①。

　　新中国成立初期国家强调初级和中级技术人才的培养要"理论与实际相一致"、兼具"基本的科学知识和必要的文化"，重点要"掌握一定的现代技术"，把握好"为人民服务"的方向。1951年6月召开的第一次全国中等技术教育会议已关注到很多高小毕业生无法升学又不能解决就业这个问题，会议根据刘少奇指示，决定今后采取各种办法让这些学生学到一技之长。② 1964年刘少奇同志在部分省市视察或做报告时，提出要实行两种劳动制度、两种教育制度，培养又红又专，既能体力劳动又能脑力劳动的新型劳动者。

　　1978年邓小平同志在全国科学大会开幕式上强调劳动者要在社会主义现代化生产中发挥重要作用，劳动者需要不断提升科学文化水平、生产经验、劳动技能。③ 现代化生产需要掌握科学技术知识、会使用生产工具的熟练工人和技术人员。④ 而面对科学技术的现代化转变，邓小平同志提出"要有一支又红又专的科学技术大军，要有一批世界第一流的科学家、工程技术专家"⑤的思想论断，其中凸显了一流技术人才的重要性，因此我们要大力培养科学技术人才。邓小平同志对人才提出了"只有大胆使用，才能培养出来"⑥的指导思想，要打破常规去发现、选拔和培养又红又专的杰出科学技术人才。同年邓小平同志在全国教育工作会议上的讲话中再次强调必须培养具有高度科学文化水平的劳动者，必须造就宏大又红又专的工人阶级知识分子队伍。⑦

　　劳动者的素质水平对国家社会经济发展具有决定作用，一系列技术措施需要有知识的人来掌握。面对人类生产及社会服务自动化、信息化、智能化水平不断提高的情况，自然也就对劳动者的技术知识与技能水平要求越来

① 周恩来.周恩来教育文选［M］.北京：教育科学出版社，1984：34-37.
② 俞启定，和震.中国职业教育发展史［M］.北京：高等教育出版社，2012：142.
③ 邓小平.邓小平文选：第2卷［M］.北京：人民出版社，1994：88.
④ 周蕖.中外职业技术教育比较［M］.北京：人民教育出版社，1991：1.
⑤ 邓小平.邓小平文选：第2卷［M］.北京：人民出版社，1994：91.
⑥ 邓小平.邓小平文选：第2卷［M］.北京：人民出版社，1994：17.
⑦ 邓小平.邓小平文选：第2卷［M］.北京：人民出版社，1994：104.

高。面对此种现实境况，江泽民同志高屋建瓴地提出我国劳动者队伍中关于"科技人才的比例"要大大提升，培养科技人才"要主张德才兼备"①，并提出要积极扶持和用好各类优秀科技人才。

为了造就数以亿计的高素质劳动者、数以千万计的专门人才和一大批拔尖创新人才②，2003 年党和政府颁发了《关于进一步加强人才工作决定》，其中明确了"把品德、知识、能力和业绩作为衡量人才的主要标准，不唯学历、不唯职称、不唯资历、不唯身份，不拘一格选人才"作为人才标准。这个标准同样适用于技术人才的标准。2010 年《国家中长期人才发展规划纲要（2010—2020 年）》提出，"以品德、能力和业绩为导向""以高层次人才、高技能人才为重点统筹推进各类人才队伍建设"。2015 年 7 月教育部印发了《关于深化教学改革全面提高人才培养质量的若干意见》，提出了经济发展新常态下的技术人才观，"坚持立德树人为根本，以服务发展为宗旨，以促进就业为导向，坚持走内涵式发展道路，适应经济发展新常态和技术技能人才成长成才需要，完善产教融合、协同育人机制，创新人才培养模式"。2016 年中共中央印发《关于深化人才发展体制机制改革的意见》，提出"打破户籍、地域、身份、学历、人事关系等制约，促进人才资源合理流动、有效配置"；习近平就此做出重要指示，强调要"让人才创新创造活力充分迸发，使各方面人才各得其所、尽展其长"，技术人才的发展要服务"中国制造 2025"和"国家创新驱动战略"。

总体来说，中国共产党在新经济常态下对技术人才思想的提出，既丰富了中国共产党技术教育思想的内容，又对促进加快构建现代职业教育体系，为实现创新驱动战略、社会经济结构的转型升级提供重要的技术人才支撑有着重要的思想指导意义。

---

① 江泽民. 论科学技术［M］. 北京：中央文献出版社，2001：60.
② 中共中央宣传部. 科学发展观学习纲要［M］. 北京：学习出版社，人民出版社，2013：24.

二、当代技术人才观要融入"人文素养"和"工匠精神"的思想元素

马克思曾指出改变人的本性使其成为专门的劳动力需要接受一定的教育和训练，使人获得一定的劳动技能和技巧。邓小平同志曾认为劳动者要在现代化生产中起重要的作用，需要拥有"较高的科学文化水平""丰富的生产经验"和"先进的劳动技能"。故而在当今社会科技进步快速，生产设备更新和生产工艺变革快速，产品更新换代的速度加快的背景下，要培养满足经济与社会建设对高质量劳动力的需求，劳动力所接受的教育与训练还需要"人文素养"和"工匠精神"的思想元素进行补益。

（一）当代技术人才的培育需要以"人文素养"为基础

在不同于传统技术的现代技术活动中要提升核心技术的创新能力，真正实现自主创新，需要理解培育技术人才过程中隐性知识和显性知识的融合过程。在专业技术教育中可以实现各类技术知识在技术实践中的融合，也可以通过生产一线的技术工人的技术实践参与其中。而无论是在专业的技术教育中还是在技术工人的技术实践中，都涉及技术知识转化的外部环境，而外部环境的主要影响因素之一包括了技术人才的"人文素养"基础。

从上文我国传统文化中体现的圣贤之士与技能之人相统一的技术教育思想、半耕半读的思想中，都可以看出古代技术人才有着广阔的知识视野，官方宦学所培养出来的技术人才，除了要接受专业技能培养，同时还要接受系统的儒家文化教育，实现了圣贤之士与技能之人的统一。近代技术教育也主张加强相关的文化教育以提升人文素养，使培养出来的理工科学生不仅有技术专长，也能习得中西文化中的积极优秀成果。比如，近代的京师同文馆、各地出现的军事学校或是其他专业技术学校培养出来的技术人才，并非只是具备专业技能而缺乏文化底蕴"人文素养"的"匠人"型人才。在现代技术活动中，如果技术人才只是对某一专业领域的知识丰富且动手能力很强，却对专业之外的文化知识了解甚少，就会缺乏对技术发展的整体上的规律性认知，缺乏协调技术发展与各种社会因素相互关系的能力，不利于提升核心技

术的创造能力，难以实现真正的自主性制造。而且技术人才如果甚少了解社会生活和人文社会科学领域的情况，就极有可能会对自己从事的技术活动产生的社会影响缺乏相应的敏感度，继而难以承担起相应的社会责任。

　　技术教育在大多数情况下是偏向于职业化、实用性的技能教育，而且技术的通用性并未得到普及和重视。1952 年周恩来同志就中等技术教育的课程设置提出过要合理安排普通课程与技术课程之间的比重，要纠正与防治单纯学习技术而忽视政治、文化学习的偏向。① 从学科的角度来看，在现代意义上技术学科既包括自然科学知识与自然技术知识及汇集相关经验整合的学科知识，还包括人文社会学科知识与社会技术知识等。技术教育应该成为一门能够整合技术知识、技能经验和人文素养于一个系统的技术教育独立学科。技术教育的重点已经从开始的服务于经济生产和维护国家政权的物化阶段转移至服务于人的自我完善、社会生存和全面发展阶段。技术教育的社会地位也逐渐从底层的培训上升到高等教育阶段再回归到普及化大众，这些是近年来随着社会对技术应用型人才层次要求的不断提升，技术教育的教育层次高移化适应了技术领域不断发展和经济发展对高级技术人才的需求。而技术的不断大众化，普通大众可以更多地接触技术、了解技术和感受技术，提升自身的技术素养，从而适应社会不断更新的技术知识结构体系以及复杂多变的技术生活环境。②

　　邓小平同志认为我们在发展科技教育中要防止技术工具理想与人文价值理性的分裂，避免科学技术发展与伦理疏离导致人文素养的旁落。发展科学技术要认识到其价值理性对促进社会生产力和提高生活质量方面的人文价值两方面。从我国技术教育发展的现状来看，更加需要重视对"人文素养"在技术教育中的培育工作。技术的进步应该是与社会和谐以及人的全面发展相统一的，所以在技术教育中要重视自身技术素养和"人文精神"的提高和在宽技术基础之上的全面发展。我们也应该调整自身的社会关系并结合科技文

①　周恩来. 周恩来教育文选［M］. 北京：教育科学出版社，1984：66-70.
②　李政. 中国近现代技术教育百年发展历程简析［J］. 职教论坛，2013（28）：93-96.

明的进步使之促进自身的自由而全面的发展。①

在此思想的指导基础上，促进着技术教育实现从"制器"导向转向于实现"育人"导向这样一种新的视域。这种转向有利于打破将技术看作一种手段的传统工具论，这种传统的技术观忽略了"育人"是包括技术教育在内的所有教育的本质。也就是说把技术教育仅仅看作一种工具化的"制器"教育，这种导向是建立在将"技术"手段化，将培养的对象也看作整个工业体系中的工具"零件"。在这样的背景下，人的全面发展就无从谈起，也无法适应劳动的变换和流动性的需要。陈凡等指出，在人无法逃避技术的当今社会，个体价值的实现更加重要，技术教育赋予个体一种"理解与掌控技术的能力"，某种程度上也是对人的一种自由解放。② 所以技术教育在技术已经渗透到社会各方面的背景下不再只是为社会大生产体系培养"人力资源"，更要立足和进一步思考技术对于人的生存与发展和实现自我价值的意义。③

技术教育要注重"技能习得"与"人文素养"的统一，不仅要将其看作一种专业性的技能习得的技术教育，更要立足于人文精神体验与技术伦理道德生成训练的价值角度来定位技术教育的价值内涵。④ 技术教育既能够在专业性上满足社会对技术专业人才的需求，又能够促进培养对象个体的价值和实现全面发展的相互统一。具体到作为技术教育的某种类型职业教育，在培养学生具有较强的技术实践能力和操作能力的同时还要具有良好的职业道德与综合素质，以克服"人文素养"教育弱化的倾向。国内著名教育家潘懋元教授曾经分析过高等职业院校存在"人文素养"教育相对薄弱的原因，其中就指出没有宽技术基础的形成只追求掌握一技之长，对于人文素养、职业道德

---

① 许丽平.邓小平科技教育价值观的基本精神及其现实意义［J］.福建工程学院学报，2004（3）：269-273.
② 陈凡，李泽清.论技术教育的三重特性［J］.科学技术与辩证法，2008（6）：44-47，112.
③ 唐小俊.生存论技术观视域下技术教育的价值选择［J］.职教论坛，2013（4）：12-14.
④ 沈小勇.反思与超越：人文主义视野下的技术教育［J］.职业技术教育，2010（13）：13-17.

没有具体的教学规定，只是偶尔抽象的要求。故我们要在技术教育中注入"人文素养"的模因，其本质就必然不仅是简单的一种获得技能的训练，还需要包括技术素养、职业道德，甚至是与"工匠精神"的融汇和生成体验。

（二）当代技术人才的培育需要"工匠精神"的思想指引

2016年3月"工匠精神"被写入政府工作报告，同年12月在推进"中国制造2025"工作会议上，李克强总理提出："要弘扬工匠精神，提升中国制造水平。"目前我国的工业制造业已经达到国际先进水平，工匠精神不等于坚持小作坊手工业制作，而在于精益求精的品质追求和融入创新实践的时代精神，在内涵价值不断丰富的基础上，指引技术人才思想的新发展，丰富中国化马克思主义技术人才思想。

1. 工匠精神的理论基础

"工匠精神"融入贯穿于劳动中，劳动的主体为"人"。人文主义技术哲学家路易斯·芒福德（Lewis Mumford）认为"人是一种善于思想、自我控制和自我设计的卓越的动物"①。师从汉娜·阿伦特（Hannah Arendt）的美国社会学家理查德·桑内特（Richard Sennett）指出"人"在"匠艺活动"中具有一种只为把事情做好的基本而持久的人性冲动，专注于实践的人未必怀着工具理性的动机。② 然而"工匠精神"中体现"匠人"的自律与投入却往往会受到各种社会和经济条件的掣肘，例如，没能提供最有力的工具或者工厂并不重视对质量的追求。③ 亚里士多德在《形而上学》中论及匠艺本质时，使用了"手工业者"一词。而在古希腊语言中，"匠人"之意可看作"公共的"和"生产性的"复合构成，具有在一定活动场所进行生产劳动之意。"作坊"多为"手工业者"的"匠艺活动"场所，卡尔·马克思、夏尔·傅立叶和克劳德·圣西门无不把其视为人性的劳动空间。④ 恩格斯在其著作中指

---

① 卡尔·米切姆. 技术哲学概论［M］. 殷登祥，曹南燕，译. 天津：天津科学技术出版社，1999：20.

② 理查德·桑内特. 匠人［M］. 李继宏，译. 上海：上海译文出版社，2015：4.

③ 理查德·桑内特. 匠人［M］. 李继宏，译. 上海：上海译文出版社，2015：12.

④ 理查德·桑内特. 匠人［M］. 李继宏，译. 上海：上海译文出版社，2015：49.

出机器大工业时代的工人不但与奴隶和农奴不同，且与手工业者、手工工场工人不同。① 卡尔·马克思在《政治经济学批判大纲》里，给予匠艺最为宽泛的定义，将其称为"赋予形式的活动"。"工匠精神"虽自古有《诗经》中"如切如磋，如琢如磨"，庄子以工匠"运斤如风""庖丁解牛"等予以说明，但要能完整阐析"工匠精神"，还需要对工匠是如何对人工物精益求精、不断精进的认识论特征进行分析。② 明代黄大成的《髹饰录》中从造物层面、工匠素质、心理以及行为技巧上几方面对髹饰工匠的道德行为规范进行了程序上的约定。这些规范都体现了古代工匠精神存在稳定性，这种稳定性在一定程度上推动了工匠实践活动的程序性。其还以"作事不移，日新去垢"③ 的精神体现工匠道德。而随着时代的流变，"工匠精神"的内涵也不断演变，大工业生产的兴起给"工匠精神"注入了大规模与标准化的生产特征，也承载了实现核心技术自主制造的创新实践精神。"工匠精神"一直都是中西方哲学家所关注的一个重要研究领域。日本社会学家仓桥重史在《技术社会学》一书中曾引用 C. 莱特·米尔兹对工匠六方面的理想性格来分析工匠精神。这六方面的理想性格主要是指：工匠的身心都倾注在产品及技术之上形成一种内在关联、产品与生产者在心理上有某种心理结合、对劳动能够自我决定和控制劳动的计划以及作业方法、技术水平的提高会促进人类自身的发展、劳动与娱乐教育结合一致、劳动成为匠人生活的唯一动机。④ 从这六方面，可以看出体现"工匠精神"必然涉及工匠主体、产品（人工物）、劳动（匠艺活动）、使用对象之间的关系，并且从精神层面上进行了分析表述。从黑格尔在《精神现象学》中对"精神的工人"的阐述，可推断工匠要为社会带来思想上的精神作用，唯有自身成为"精神的工人"，并健全自身的价值观与技术素质，才能够得以实现。

---

① 马克思，恩格斯．马克思恩格斯选集：第 1 卷［M］．北京：人民出版社，1972：214．
② 吴敏文．"工匠精神"从哪儿来［N］．中国青年报，2016-03-28（2）．
③ 王世襄．髹饰录解说［M］．北京：生活·读书·新知三联书店，2013：21．
④ 仓桥重史．技术社会学［M］．王秋菊，陈凡，译．沈阳：辽宁人民出版社，2012：137．

2. "工匠精神"的培育与发展需要"创新精神"的融入

"工匠精神"并不是现代社会才有的产物，是对以前一定范围内工匠传统及其精神理念以特定的方式传承延续而来，是实践主体对人工物品质精益求精，不断改进方法和工具，为社会提高品质的产品及服务的精神。在现代高精度的机器工业中，具有"工匠精神"的工人，其地位越发重要，换句话说，在当今制造业中，机械生产的高精度往往能决定产品是否可以自主生产，而其中工匠精神所承载的精益求精的主体，往往能够手工打磨出精度最高的产品。在追求高精度的工业社会中倡导工匠精神，是要在大机器和现代化生产的环境中，坚守精益求精、注重细节和追求品质的指导理念。西方社会自近代机器大工业生产以来曾出现过工匠精神失落的时期，科学技术与手工制作的分野直接导致了工匠精神的旁落，现代化大生产的高效率作业模式迫使工匠的手工制作逐渐退出了主要的生产过程，机械化的批量性生产模式直接威胁了传统工匠精神的存在。其后随着高技术制造工艺的发展，工人的知识化、技能化（如以高级技术工人为例）不断出现，于是工匠精神也随之被赋予了新的内涵。①

随着工业化生产的不断推进，传统工匠精神在大工业生产的裹挟中失落已久，而重新对工匠精神赋予新的时代内涵并呼唤其复归，充分展示了我国的现代性及社会发展步入了新的自觉阶段，并将补益于社会经济的发展。

亚里士多德认为，伦理是人特有的实践的生命活动中对善的追求。② 马克思强调"个人的全面发展"同样可以存在于制造物品的过程中，自我与社会之间的关系在制造物品的过程中得到了发展。在当代技术人才的技术伦理意识和社会责任感不足的情况下，2016 年 3 月"工匠精神"被写入政府工作报告，同年 12 月，李克强总理再次提出要弘扬"工匠精神"，提升中国制造水平，加快推进制造强国建设。2017 年政府工作报告中李克强再次提出弘扬

---

① 梁军.工程伦理的微观向度分析：兼论"工匠精神"及其相关问题 [J].自然辩证法通讯，2016（4）：9-16.

② 亚里士多德.尼克马可伦理学 [M].廖申白，译.北京：商务印书馆，2003：175.

"工匠精神"崇尚"精益求精",打造更多享誉世界的"中国品牌"。如果说,德国、日本、瑞士等国家正是通过工匠精神的培育促进了产品质量的提升和产品品牌的树立,那么中国当前通过工匠精神的回归助力经济结构调整和产业转型升级也是题中应有之义。"工匠精神"表现在劳动者对产品或服务的设计、质量、技艺、制作上的身心合一、精益求精、不遗余力的精神理念的追求。其内涵在于坚守本职、敬业奉献,是精益求精、追求高品质的工业精神。在新经济中,制造业与服务业正在实现融合,"工匠精神"不再局限于"匠人"的"匠艺活动",科学家和工程师同样需要工匠精神,而制造强国需要自主创新精神的支撑,故而"工匠精神"也要随着时代的流变在内涵中融入创新精神。

源自传统社会的"工匠精神"演变至今代表着一种劳动的精神境界,"工匠精神"作为一种人工作的基本动力,呈现出人的超越性。大工业背景下流水线的工作方式和机器,出现了《摩登时代》电影里所显现的对劳动的切割和人的异化的场景;而如今随着生产力不断提高,社会科技不断进步,出现了新型的生产协作关系,劳动者可以在满足自身生活的基础上,重新实现在制造人工物的过程中体会追求精益求精、人与物统一的精神。[①] 当代"工匠精神"与社会新的生产组织形式有着直接的联系,必须结合当下互联网与传统制造业的融合、创新实践精神的重视、生产协作关系更加自由等趋势,才能使"工匠精神"满足时代的现实需求和符合未来的方向,才能复归传统的内涵并纳入新的时代表征并可持续性发展。在传统的内涵上除了"精益求精""高品质"等基本的含义之外,结合当下新的时代特征主题加以丰富。我国实体制造业的振兴与信息技术的融合、经济生活水平的提升出现消费型社会对产品和服务的品质需求不断提高、专业精神的呼唤与复归等,这些时代的特质都可以通过"工匠精神"折射出来。而折射出来的"工匠精神"被赋予融入了新的时代表征,生发出包括创新实践精神在内的新含义。实现核心技术

---

① 张培培. 创新:"工匠精神"的时代内涵 [N]. 中国社会科学报,2016-09-20 (2).

的自主创造，在"工匠精神"中融入创新实践精神有着深远的意义。核心技术具有时间性，既建立在过去技术积累的基础之上，又表现为当下的具体技术产品，同时也对未来的技术有某种程度的预见性，这些特征规定了核心技术的创造性，需要有不断创新的状态。

　　传统的工匠精神既是一种技艺师承的选择，也是伦理、价值、品格内化的要求，创新精神只是处于从属的微弱地位。而在当今，要实现"制造强国"，核心技术自主创造的实现需要创新精神作为原动力。创新精神的融入也有飞速发展的技术进步作为条件、高品质和多样化的社会需求作为推动力，而对瞬息万变的未来，不确定性更是需要以创新作为解决的方案。创新实践精神作为一种时代精神，融入了"工匠精神"的传统因素表征。融入创新元素的工匠精神为我国经济上能够实现经济结构转型培养出创新能力强的技术人才有着重要的作用。① 实现核心技术的自主创新也需要工匠精神。对于工匠精神的培育，桑内特指出纯粹靠道德命令和引发竞争并不能激发匠人精益求精的原动力。道德命令主要是用道德迫使人们为了共同利益而工作，另外一种则是假定彼此竞争能够让人们产生把事情做好的欲望，它许诺的并非共同体的利益，而是个人的回报。无论从事哪种匠艺，想要把事情做好，就必须对这门匠艺的机制有可靠的判断。② 做出高质量产品的经验蕴含在大师本人的隐性知识之内。随着技能的提高，一个人重复练习的内容会发生变化，劳动者对技艺不断进步创新，离不开在解决旧问题时对新问题的发现。通过练习的方式培养技能也会受到一些来自现代化工具的阻力，比如，人们使用机器的方式不正确，或者有时候机器会剥夺人在重复练习中进步的机会，而智能机器的大范围运用也会在某种程度上割裂人们的理解和重复性、操作性的学习过程，进而损害人们的思维能力。③ 制作技术人工物、技艺的传授大多体现

---

① 查国硕. 工匠精神的现代价值意蕴 [J]. 职教论语，2016（7）：72-75.
② 理查德·桑内特. 匠人 [M]. 李继宏，译. 上海：上海译文出版社，2015：123.
③ 理查德·桑内特. 匠人 [M]. 李继宏，译. 上海：上海译文出版社，2015：30.

在"意会知识"流动的实践过程。① 而对于技能的掌握，更多的是内化的过程，是转化为隐性知识的过程，也意味着养成一整套复杂的行为程式。随着技能水平的提升，在隐性知识的主导下会与自我意识之间产生的互动越来越持续，同时显性意识也凸显了批评与纠正的作用。故而安于已有的技能会忘记更高的标准，只有保持精益求精的原始冲动，工人才能有所进步。②

培育"工匠精神"还需要营造自由的心灵环境。公元前古希腊历史学家希罗多德在《历史》一书中记载埃及金字塔的建造者身份是身心不自由的奴隶，而这个看法被 2003 年北埃及最高文物委员会的考证所推翻，认为其是由具有自由身份的农民和手工业者所建造。③ 这也印证了精益求精高品质的人造物需要自由的心灵环境。掌握熟练技艺经验的工匠，其制造人工物的过程是对技术目的的再次创造，并对技术、审美、制作手法等都以至善至美来要求，这些都需要工匠具备良好平和的心理状态，才能完成一次又一次的精益求精的历程。

江泽民曾在院士大会上提出科技创新已越来越成为当今社会生产力的解放和发展的重要基础和标志。④ 习近平在河南考察时提出创新人才队伍的建设对推动中国制造向中国创造转变、中国速度向中国质量转变、中国产品向中国品牌转变的重要性。⑤ 实现产业自主创新，必然要求劳动者具有融入创新实践精神的"工匠精神"，并大力提升科技能力和人文素养，才能助力建成现代产业体系。2016 年 12 月印发的《技工教育"十三五"规划》中明确表示将培育"工匠精神"作为技工院校重点教学内容，贯穿在技工教育全过程中。

从技术教育的过程来看，具体的教学内容包括客观性的技术理论知识或

---

① 李宏伟，别应龙 . 工匠精神的历史传承与当代培育 [J]. 自然辩证法研究，2015（8）：54-59.
② 理查德·桑内特 . 匠人 [M]. 李继宏，译 . 上海：上海译文出版社，2015：46.
③ 吴敏文 ."工匠精神"从哪儿来 [N]. 中国青年报，2016-03-28（2）.
④ 江泽民 . 论科学技术 [M]. 北京：中央文献出版社，2001：107.
⑤ 中共中央文献研究室 . 习近平关于科技创新论述摘编 [M]. 北京：中央文献出版社，2016：4.

者技术规则、技术规律、技能经验等，可以在课堂上或者实习场地由老师传授给学生，但是只有将技术知识或技能经验和"人文素养""工匠精神"等和谐地融合在一起，并独立呈现为学生的本质表现，才真正完成了技术教育。在产业化大发展的背景下个人技术劳动者的精益求精和创新精神同样重要，当代技术人才的培育融入"工匠精神"的时代特征，有利于培养具有社会责任感、创新精神和实践能力的高素质劳动者和技术技能人才。为我国在经济新常态下发达国家回归实体经济的新一轮国际竞争中，完成"中国制造2025"、推动制造强国提供具有"工匠精神"的当代技术人才支撑。

第二节　中观层面：中国共产党的技术学校发展思想

自从党的十一届三中全会以来，中国共产党对技术教育重新给予了极大的重视，从现实和法律法规上都确立了技术教育体系，特别是职业技术教育在我国建设中的地位和作用。十一届三中全会提出"考虑各级各类学校的发展比例"，特别是要"扩大农业中学、各种中等专业学校、技工学校的比例"的技术学校发展思想，使得各类中等职业技术学校较早有了一个全新的发展规模。从中观层面出发分析中国共产党的技术学校发展指导思想，为技术教育各级各类学校的培养目标、发展方针任务、办学模式和各类学校的管理观的践行，为培养现阶段新型的生产劳动者确立了基本的指导方向。

一、中国共产党的技术学校培养目标演变

毛泽东曾指出一个军事学校，最重要的问题是选择校长教员和规定教育方针。[①] 这对于技术学校，教育方针同样是最重要的问题。中国化马克思主义技术学校的发展方针、培养目标属于中国化马克思主义技术教育思想关于技

---

① 毛泽东. 毛泽东选集：第 1 卷［M］. 北京：人民出版社，1991：170-244.

术教育发展理念的基本内涵。

　　技术教育学校对技术人才的培养无法通过传统的普通教育形式完成①，技术教育学校的组织模式存在各种类型，承担各类技术人才的培养。早在1937年为了取得抗日战争的胜利，毛泽东就提出要从根本上改革过去的教育方针和教育制度。② 新中国成立之后，毛泽东在《关于正确处理人民内部矛盾的问题》中指出，我们技术教育学校培养出来的劳动者应该是"德、智、体"全面发展，"有文化"并且具有"社会主义觉悟"的。③ 自1958年"教育与生产劳动相结合"的教育指导方针与"教育为无产阶级的政治服务"提出之后，周恩来明确了劳动者的培养目标是要经生产劳动成为"有社会主义觉悟"和"有文化"的劳动者。④ 对于各类各级中等技术学校，周恩来指出应根据各业务部门的具体需要，务求学用一致，使所培养的人才能适合各业务部门的需要。⑤ 1978年邓小平更是直接指出学校的教育方针是为社会主义建设培养人才的地方。⑥ 党的十八大以来，习近平就加快职业教育发展做出指示，"要树立正确的人才培养目标"。

　　从以上技术教育学校的培养目标可以看出，党和国家领导人高屋建瓴，对技术教育学校的培养目标随着现实问题的变化而提出了不同的指导思想。现阶段我国要从制造大国向建设制造强国进军，必须用产品说话，需要在现代产品的竞争中脱颖而出，这跟现代生产中工人的技术水平、技术素质关系密切，反馈到技术教育的培养方向和目标之上。技术工人的技术等级越高、技术基础越宽和技术素质越好，产品的竞争力就越强。但想要适应现实的技术人才需求，技术教育的培养目标不能一味地培养高级技术人才，而应该依

① 杨金土，孟广平，严雪怡，等. 对技术、技术型人才和技术教育的再认识 [J]. 职业技术教育，2002（22）：5-10.
② 毛泽东. 毛泽东选集：第2卷 [M]. 北京：人民出版社，1991：348.
③ 毛泽东著作选读编辑委员会. 毛泽东著作选读：下册 [M]. 北京：人民出版社，1986：780-781.
④ 周恩来. 周恩来教育文选 [M]. 北京：教育科学出版社，1984：206-207.
⑤ 周恩来. 周恩来教育文选 [M]. 北京：教育科学出版社，1984：66-70.
⑥ 邓小平. 邓小平文选：第2卷 [M]. 北京：人民出版社，1994：102.

照合理的技术人才等级结构设定培养目标，确立可以让高级技术工人和初级技术人才较少，而中级技术工人先行丰富的培养任务目标。

现在技术教育学校培养出来的技术人才众多，一般认为技术教育的培养目标是造就一批服务于第一线的高级技术人才，具有较强的技术理论基础、实践技能和应用能力。① 技术教育的培养目标是随着社会的生产体系的变化而产生改变的，例如，在旧时手工业作坊中的师徒传授的学徒制中，培养的目标在于培养工匠熟悉整个生产环节的全面技能，并且能够将从事整个生产过程的工作作为教育目的的一种组织形式。在当今社会大规模工业的生产技术中，已然出现类似综合协同生产技术，这些都已经形成了一个协同复杂精细的技术系统，这种系统复杂的技术知识和技能的累积和传授，使得当代技术劳动者的培养路径和目标需要更新和丰富。②

前沿的科技和先进的设备要转化为现实的生产力就需要一支数量庞大而质量有保证的劳动技术大军，包括初、中级技术人员，技工或是受过良好技术训练的业余劳动者。在 1985 年国家颁布的《中共中央关于教育体制改革的决定》也肯定了"职业技术教育"是保证两者实现的桥梁。③我国技术教育的方向就是要在坚持社会主义方向的基础上造就适应中国特色社会主义市场经济体制的合格应用型技术人才，并且要提高广大劳动者的素质。

技术教育的各类学校特别是职业技术教育类学校正是通过培养宽技术基础的熟练技术工人和初、中、高级专业人才来承担生产知识、积累、延续和发展技术的。随着科技的进步和社会生产力的发展，工业生产对技术人才的要求也会相应发生变革，甚至细化到每一个技术域的业务要求都会产生变化，从而发生调整。不同的技术结构要求的产品，对其加工生产的工人技术等级要求不同。往往是产品的结构越精细复杂，对技术工人的技术等级要求也就

---

① 夏建国. 技术教育：一种必须重视的教育类型 [J]. 职教论坛，2011（1）：47-50.

② 夏建国. 技术教育：一种必须重视的教育类型 [J]. 职教论坛，2011（1）：47-50.

③ 李江原，黄高庆. 论周恩来的职业技术教育思想 [J]. 重庆师专学报（综合版），1998（4）：20-25.

越高。因此，技术教育学校的培养任务要区分各类层次的技术人才，我们可以将一定技术领域的技术层次水平划分为不同等级，我们可以依据不同等级的技术工人设定不同的培养目标，从而偏重于不同的培养内容。比如，我们可以将生产工人的技术水平相应划分为初、中、高级工三个层次。我们可以针对初级技术工人的工作内容，设定培养目标以掌握简单工序的操作为主，弱化操作技能的全面性和降低对技术理论知识的要求；中级技术工人则在初级工人的培养内容的基础之上加深基本操作技术的全面认识，还要习得工艺分析和解决本工种生产实际问题的能力；高级技术工人则需要将培养目标设定为获得熟练而丰富的技术实践经验和具备解决核心技术关键问题的能力，并具有较高的技术理论水平。

二、"创新各级各类职业教育模式"的技术学校发展思想

技术教育学校的组织模式一直存在多种形式，如新中国成立初期的技术夜校、半工半读和半农半读的技术学校、高等工业学校、各种速成性质的技术训练班、业余性质的技术补习班或训练班等，以满足社会不同群体对习得技能形式的不同需求。

新中国成立初期的技术夜校，主要是将农民学习技术和普及文化教育消灭文盲结合起来①，也就是将技术教育与普通教育相结合的一种组织模式。周恩来在1951年开始就提出除了整顿和发展正规的技术学校之外，还需要根据实际举办各种速成性质的技术训练班，附设各种业余性质的技术补习班或训练班，务使正规的、速成的、业余的各种技术学校或训练班都能得到适当的配合发展。②

党的十八大以来，党和国家提出要加快发展职业技术教育，构建中国特色现代职业教育体系。习近平总书记指出要"牢牢把握服务发展、促进就业的办学方向，深化体制改革，创新各级各类职业教育模式"。2014年6月23

---

① 中共中央办公厅. 中国农村的社会主义高潮 [M]. 北京：人民出版社，1956：353.
② 周恩来. 周恩来教育文选 [M]. 北京：教育科学出版社，1984：66-70.

日，国务院召开全国职业教育工作会议，习近平就职业教育明确了发展职业教育的重大意义、工作方针、根本任务、办学方向、支持重点、党政职责等重大问题，体现了新形势下的中国化马克思主义技术教育思想。党和国家在思想上对职业教育"必须高度重视、加快发展"，成为新时期我国职业教育发展的工作方针，"努力培养数以亿计的高素质劳动者和技术技能人才"需要"创新各级各类职业教育模式"。

技术教育体系中的各类组织模式一直是世界许多国家教育事业的重要内容，践行技术教育从世界范围来看，其办学组织模式灵活多样，甚至在技术教育的不同阶段会呈现不同的组织模式，在学习年限和水平延伸出现变化的趋势。换句话说，在技术教育的学校办学模式和学习年限会随着培养目标、职业域的宽窄和生源的渠道等因素的变化而发生变化。世界各国的职业技术教育除了有正规的全日制技术学校教育之外，还有一些各个年龄阶段非正规的业余学习，有职前、职后教育，也有进修补习性质的技术教育，这些都构成了贯穿终生的职业教育体系。

从社会生产的要求多样性来看现代的技术教育，在办学形式上的灵活度体现在不仅有长期、正规的学校技术教育，也有短期、岗位上的职业培训；办学地点结合教学内容的特殊性也呈现出多样性，既有在校内的课室、实验室和实习场地车间等，也有在校外的培训中心和工作岗位，这些办学形式与教学内容相互结合促进优化了技术教育效果。在诸多形式的办学方式上，传统的手工业学徒制早已被取代，学校机构一直以来在培养技术人才满足社会的需求中有着主导性的积极作用。① 仅仅是在学校的教室或是在生产岗位都已满足不了社会的发展，当今的技术教育场所更需要学校与工作地点相结合的多元学习地点，因为一定类型的学习效果与一定的学习环境相关。由于科技的快速进步和技术知识获取的复杂性，使得技术教育目标的实现需要多种办学组织模式相互衔接和相互补充。

---

① 联合国教科文组织国际教育发展委员会. 学会生存：教育世界的今天和明天［M］. 北京：职工教育出版社，1989：17.

技术教育的办学组织模式，近年来也逐渐将普通教育考虑在内，成为技术教育改革的重点。技术教育与普通教育之间相互渗透沟通和衔接主要体现在多方面，比如说一方面发展中等职业技术学校、增设综合中学、使各类职业技术学校能保持在一定的比例关系之上；另一方面能够在普通学校加强职业技术教育的比例，增设职业选修课；在职业学校中增加普通文化课教育。①在不同国家，这种技术学校模式与普通教育之间的关系有着不同的表现形式，比如，在一些西方国家，只要考察技术学校毕业生的学习年限和文化课，这两方面的要求达到普通高中的水平，就可以选择转入普通高等学校，也可以选择进入专业领域相近的高等学校继续深造。而有一些西方发达国家如德国，则通过文化的补习教育，完善专门的职业教育学校系统，使得各类技术学校如中等职业技术学校、技术高中、中等专科学校与高等专科学校、短期技术大学等衔接与沟通，能够为接受技术教育的学生提供向上发展的机会。

技术学校是整个技术教育系统的主要办学模式，承担着技术教育大部分的培养任务，是负责传递技术知识和技能经验、技术素养、"工匠精神"的中间机构。改革开放以后，我国进入了社会主义现代化事业的建设阶段，技术学校在满足社会变革中经济发展和社会对技术人才的需求的基础上，提出诸多要求，需要不断改革自身，适应诸多因素的变化。在技术教育与现代化大生产相适应的背景下，不再与劳动现场相结合的技术学校已经有独立完整的体系，有完善的技术知识和技能经验，在技术课程教学安排上也与技术认识规律相符合，这些优势都使得进入技术学校系统的学生能够系统地掌握生产技术。但是技术学校系统也存在缺乏针对性的问题，学生在技术学校获得的技术知识技能与实际生产岗位上的要求存在一定的差距，这就需要改革自身，结合技术教育与实际劳动现场紧密结合起来。现代职业技术培训制度弥补了这一不足之处，这种技术培训制度重在针对某种工种和岗位，以工作劳动为中心，贴近技术实践，近年来越来越受到社会的重视。技术培训在传授技术

---

① 国家教委职业技术教育中心研究所 . 职业技术教育原理［M］. 北京：经济科学出版社，1998：51-53.

知识和技术能力的系统性和完整性上远远不如技术学校。

所以在"创新各级各类职业教育模式"的技术学校发展思想指导下，技术教育的学校类型根据实际情况有了多种创新和发展。技术教育的办学模式除了正规的技术学校系统之外，还需要各类技术培训作为不可替代的补充力量，两者的结合成为现代社会技术教育发展的一大特点。随着科学技术的进步、社会生产分工的精细化、宽技术基础和劳动变换的要求越来越高，"创新各级各类职业教育模式"的技术学校发展思想的指导意义将越来越凸显出来，技术教育的办学模式也会随之越来越多元丰富，使技术教育的发展更能适应上述因素的变化，最终达到技术教育在现阶段的完备状态。

第三节　微观层面：中国共产党的技术教学思想

马克思在关于现代生产与综合技术教育的思想言论中，揭示出现代技术教育发展方向的一些规律性问题。随着技术教育的教学形式不断与工厂劳动等相结合，必然会出现初等学校、工艺学校、农业学校、职业学校等技术教育形式。现代技术教育的教学过程中的关键环节在于将科学理论、技术知识和技能经验传授于潜在的和在职的劳动者。从微观层面探讨技术教学思想，并且尝试分析和把握技术教学规律，以期从全新的角度了解中国共产党的技术教学思想。教育与生产劳动相结合，这一教育原理，是马克思提出的客观规律，它的内容、形式和途径随着社会的发展而变化。教学过程也不例外，也需要沿着基本的方向前进。在中国共产党的技术教学思想指导下，我们要认识到"宽技术基础与综合多面发展"的专业设置指导思想、重视理论与实践相结合的技术教学思想、关于技术教育教学过程中技术知识流动的基本规律的技术教学等方面的主要内容。

一、"宽技术基础与综合多面发展"的专业设置指导思想

教学组织的改革首先在于专业的设置，专业设置的宽窄和培养目标有关，

那么技术教育的专业设置自然与技术人才的培养目标相关。专业设置不断拓宽是技术教育发展的趋势，专业设置拓宽有利于形成职业域，方便就业，而且拓宽专业设置面需要保留熟练掌握专业理论和技术的专业面窄的优势。职业学校设置的专业都比较窄且细，而且大多数是按照生产中存在的具体工种来设置，而没有考虑技术发展带来的宽技术基础的需求，导致原有的狭窄的专业设置原则缺乏对社会生产发展产生新要求的适应性，故而加宽专业面设置已具有普遍性。对专业的设置可以通过两方面来达成：一方面是要把许多职业类型归并入一类，形成职业域，方便于从同类型的范围中以宽广的角度来考虑专业的设置；另一方面是可以合并一些相近相通的专业，然后再设置一些跨学科或综合性专业面较宽的新专业。但是窄专业目前仍然是大量的，仍然需要按具体的工种进行培养。传统的职业教育只是完成受教育者的专业技术知识与技能操作培养就可以了，但是在现代，这种培养目标已不能再满足现实发展的需要。现实中随着技术工艺的不断更新发展，就业劳动者的诸多能力重新受到重视，如终身学习的能力、创新创造能力等，这些能力与品质的培养都可以改变专业课程的设置，从而影响教学组织的内容与形式，最终达到获得除了知识与技能之外的诸多能力。

而从我国当前技术教育体系中专业的设置和技术人才的使用情况来看，存在着专业面窄而使培养的人不适应需要的问题，对于此问题，有关部门准备打破过去一些传统专业和学科界限，开设跨专业和学科的综合性专业，或是将两个或两个以上的相近学科或成系列的学科合并为综合性专业；而另一方面存在大量未经技术培训导致素质低下的技术从业人员，严重地阻碍了我国生产力的发展，而对这批技术基础较差的技术劳动者，使其掌握有关的某一种职业的技术知识和操作技能是首先要解决的问题，较窄的专业设置有利于在较短的时间内收到实效。另外，我国的经济结构、科技和生产力发展水平也使得职业学校在一定时期内无法完全走上拓宽专业基础的道路。

毛泽东曾在抗日战争时期提出改变教育的旧制度、旧课程，实行以抗日救国为目标的新制度、新课程。可见课程结构和专业设置受社会历史条件制约，那么在当前以信息化为主要标志的新技术革命条件下，经济产业结构和就业结构发生了急剧的变化，主要表现为新兴企业从"劳动密集型"向"知识密集型"或"技术密集型"发展，对劳动者的智力和知识要求将空前提高，社会急需大批高质量、实用型、训练有素的高中级人才。而这些变化对各国技术教育结构体系提出了不同的要求，首先是要求职业技术教育培养的各级各类人才规格和层次结构形成合理的比例，一些教育基础好经济发达的地区除了要保持中等职业技术教育这一主体类型的稳定发展之外，还需要在普及中学教育的基础上大力发展高等职业技术教育，而在发展程度相对较弱的地区需要重点发展中等职业技术教育，甚至要保持一部分初等职业技术教育；其次是要不断提高普通教育与综合技术教育的水平，从而提高劳动者的一般教养和职业素质；最后是要求职业技术教育的办学形式具有多样化和灵活性，大力发展成人技术教育。

随着这些变化提出的要求，我们可以进一步考察技术教育的结构及职业技术学校的专业设置和课程结构。技术教育的结构一般划分为与职业技术教育的层次结构和人才结构相关的纵向结构，与职业技术教育内部的专业设置和课程结构相关的横向结构。纵向结构一般可以从培养熟练工人和初级技术人员的初等技术学校，到培养中级技术人员和管理人员的中等职业技术教育机构，再到培养高级技术人员的高等职业技术院校。而横向结构则从农、林、牧、工、理、商、家政技能等各种学科不断细化丰富拓展而成。

尽管职业技术学校的专业门类繁多，相应设置的课程数目也不在少数，但总体的专业课程结构可以集中归结为普通教育课程与职业教育课程的关系，技术理论教学与技术实践训练的关系。虽然在课程建设上，普通教育与技术教育各成体系，但是某些国家的职业技术学校也承担起向学生实施普通高中教育的任务，历史上有苏联的中等专业学校和中等职业技术学校，以及民主德国的三年制职业技术学校等。技术教育和普通教育都作为教育的一个组成部分，单独实行哪一种教育都不能给予受教育者一种完全的教育。针对这个问题马克思早就提出综合技术教育的思想，普通教育要综合技术化的口号也早已在一些国家提出并付诸实践。在一些国家如德国将实施普及义务教育的学校称为十年制综合技术学校，而历史上苏联的普通中学章程也将性质明确为"劳动综合技术学校"。但是，综合技术化并不是职业化，而是在一定程度上指出了普通教育本身存在的固有缺陷以及与生产相结合的必要性。换句话说，狭隘的职业化教育对人的长远发展是会带来很大的危害的，而且也与现代化生产之间存在着尖锐的矛盾。顺应社会发展的要求、人的全面发展的需求和教育本身不断发展和完善的要求，都需要技术教育与普通教育相互融合。

新的科技革命给生产和社会生活的各方面都带来了巨大的变化，同时也对各级专业技术人员提出了更高的要求，促使了各个层次的技术教育必须相应提高水平，特别是教学水平。技术教育的水平提高，并不是指随着技术的进步要求就业者必须接受高层次的技术教育，技术的进步和生产的自动化不断使生产过程简单化和程序化，也不是要求劳动者所受的技术教育层次提高，而是需要劳动者在具有一定的技术教育层次的基础上，改变提高技术教育层次的思维惯性，以及拓宽劳动者的技术基础，改变其狭隘性和过度的专业性。由于教育具有滞后性，现在就需要培养未来的技术劳动者接受具有宽技术基础的技术教育，使受教育者不仅在一般的科学文化知识方面打下扎实的基础，还要具有良好的技术素养与"工匠精神"，从而颠覆以往技术教育重在培养只掌握一技之长的技术工人的传统观念。

所谓的在专业设置上要注重宽技术基础，是基于生产和技术的发展使职业分工越来越细、某些职业已经形成职业域，导致所需要的技术知识和技能之间的差别越来越难以区分，和新旧工种之间的频繁交替的考虑。这样的现实要求也使得具备胜任某一类的职业能力替代以培养特定的职业技能为主、只掌握一门技能的传统技术教育观，为现时代人们所接受。技术教育通过普通教育的有关学科的教学、劳动和其他形式的教育活动，向学生传授科学基础知识、工艺技术知识、生产管理知识和培养使用最常用的简单生产工具的技能，即在文化教育和科学教育基础上传授一般的技术知识和技能。学生接受了这种新型的技术教育，就更易于理解现代生产的基本原理及其体系，就为未来的职业教育打下宽广而良好的基础。职业技术学校的学生受过良好的综合技术教育，对未来劳动的变换、职业的更动和工作的流动就会有更强的适应能力，即对未来的多种职业就有了更大的适应性。职业技术学校必须在综合技术教育的基础上，传授专门职业知识和技能，达到高水平的知识质量，培养出对现代生产具有更强适应能力的劳动者。

故此，在"宽技术基础与综合多面发展"的思想指导下，在专业知识、技能的范围和专业课程设置上，不仅要考虑在扩大的基础上加强其技术知识的基础性和共同性，适应职业域的宽技术基础，而且要考虑培养学生适应生产和生活环境不断转换的能力，这表明技术教育的培养方向是向综合多面发展，正是呼应了马克思所提出的"综合技术教育"思想。另外，在技术教育的教学过程中，各个层次的职业技术学校培养的目标都是规格不同的实践者。我国技术教育在各类技术学校的教学过程中往往有专业设置和课程结构存在实践教学偏低的情况。这不仅有历史的原因，同时也有一个不容忽视的因素，实践教学需要有良好的条件，包括技术实践的场地、设备和师资，可以积极促进学生掌握专业的技术知识和技能训练。

然而，当前我国各类技术学校的专业设置和课程结构确定的宽技术基础与综合多面的发展方向也存在不少问题，有待进一步改革。因此必须明确两方面的问题：一方面是必须进一步明确规定各类职业技术学校的任务和培养目标，使得专业设置和课程结构受其制约时还能保持自身的服务方向和发展重点，从而使得整体成为一个完整的职业教育体系，还能保持不同学校特点的教学体系；另一方面是要考虑我国现阶段的经济发展状况，结合其他国家的有利经验，从而确定符合我国国情的专业设置和课程结构。

二、重视理论与实践相结合的技术教学思想

无论生产劳动与教学、教育脱离哪一方都无法达到现代技术水平与科学

知识现状所要求的高度①，这是列宁对马克思主义教育基本原理"教育与生产劳动相结合"的进一步阐释和坚持。这个教学思想同样适用于技术教育的教学中，邓小平提出我们要在认真研究新的条件下，"更好地贯彻教育与生产劳动相结合的方针""内容上、方法上要不断有新的发展"②，在技术教学中重视理论与实践相结合的思想是中国共产党技术教学思想的重要方面。

（一）"文化理论课程和技术实践课程相结合"的技术教学思想

马克思认为"劳动力或劳动能力"可以理解为在某种条件下（每当人生产某种使用价值时）"体力与智力之和"③，技术教育体系的教学过程中要重视体力与智力的开发，进行普通文化教育和技术实践活动可以提高劳动生产率。科学技术的发展呈现既分化又综合的状态，人的知识结构也应向纵横两个方向扩展，不能过于狭窄，要在较宽的基础知识上增进专业知识。故此，在技术教育的教学过程中，许多国家开始重视普通文化理论课程教育。④

对于普通文化课程的重要性，刘少奇早在 1957 年就提出"普通文化知识可以为以后的文化技术水平打下基础"⑤。一些技工学校的教学过程仍然是以培养操作技能为主而忽视文化学习，这既不符合培养目标的要求，也不利于劳动生产率的提高。技术教育的教学活动是一种社会劳动，其中既有脑力劳动也有体力劳动的成分，正如任何工艺技术经验的积累并系统化，都凝聚着脑力劳动与体力劳动，任何技术人工物也是这两种劳动的物化。而随着生产力的发展，劳动过程中的体力劳动与脑力劳动的比重发生了变化，具体就是生产工具越改革，劳动过程中的脑力劳动比重就会越大，体力劳动的比重就会越小。这个变化在前面章节对中国化马克思主义技术教育思想进行理论基

① 列宁 . 列宁全集：第 2 卷［M］. 北京：人民出版社，1984：461.
② 邓小平 . 邓小平文选：第 2 卷［M］. 北京：人民出版社，1994：107.
③ 中共中央马克思恩格斯列宁斯大林著作编译局 . 马克思恩格斯全集：第 23 卷［M］. 北京：人民出版社，1972：190.
④ 华东师范大学教育科学研究所 . 技术教育概论［M］. 上海：华东师范大学出版社，1985：52.
⑤ 刘少奇 . 刘少奇选集：下卷［M］. 北京：人民出版社，1985：278-294.

础阐述时，所阐述的技工教学的实践也对此有了证明。新中国成立前的学徒中，文盲、半文盲较多，在新中国成立初期，技工部培训招收的是初小文化程度的学生，后来，技工学校招收初中毕业生，目前又发展到招收高中毕业生，这都是随着我国国民经济和生产技术的不断发展而逐步提高要求的。目前，技术劳动者主要是掌握生产技术知识、生产经验和劳动操作技能来使用现代化的生产工具。劳动者的科学技术知识越多、劳动的专门技能越高，技术面越宽广、生产经验越丰富，生产力也就越高。所以学校在强调以生产实习教学为主，加强技能培训的同时，必须重视文化技术理论的教学，在某种意义上，学生的基本技能、技巧是以一定的基础知识为前提的。具有较好的普通教育文化基础的学生在接受技能、技术的学习方面就会更容易领会和掌握，学习的内容也会相应增多，这些都会使受教育者在成为生产岗位的劳动者时的技术革新多一些，劳动生产率会更容易提高。因此，随着信息化技术不断融汇到传统产业中，机器设备也越来越精密复杂，需要对技术工人加大教育投入，提高技术工人的文化和技术水平。

由于技术教学思想重视理论与实践相结合，故而在教学方式上也要注重文化技术理论课与生产实际的联系，使技术理论课程能够在实际生产实习教学中起到指导的作用。比如，有些基础课，如数学，要培养学生实际操作过程中的计算能力，制图课必须使学生有较强的识图能力和懂得加工图纸的具体要求等，在生产实习教学中能够实际应用，达到教学与生产相结合。通过教学，学生逐渐把学到的知识转化为在具体操作过程中运用的能力。由于工厂企业每一项技术革新或发明，对相应的工种都会带来工艺操作的变化，这比一般课程的联系实际更具有直接意义，因此，要求文化课程的教师能懂些基础技术理论知识，基础技术课的教师要懂些专门工艺知识，专门工艺学教师能具有一定的技术操作能力，只有这样，才能在教学过程中理论联系实际，启发学生运用学到的理论知识对技术工艺、实践工作和技术工具进行改进与革新。

（二）"重视实际操作和实际知识"的技术实践教学思想

1950 年周恩来在全国高等教育会议上的讲话指出政协的《共同纲领》规

定我们的教育要采取理论与实践一致的方法，理论是从实践中总结出来的，又对实践加以指导。对于技术教育更是如此。

实验性教学、实习与专业劳动、生产实习、课程设计、毕业设计等被习惯性称为实践性教学"环节"。学生在这些"环节"中以学习实践技能和生产实际知识为主，兼学书本理论知识，两种学习任务是交织在一起的。不同的"环节"只是教学任务不同，在教学形式上区别不大，他们都是在教师指导下，学与做结合，每个学生独立完成学习任务的教学形式，相对于课堂理论教学来说，可称为实践性教学。

接受过技术教育的学生应具有一定的理论知识和熟练的实践技能，能解决生产现场中的一般实际问题。课堂理论教学是重要的，而实践性教学也是基本的教学形式之一，使学生能够在学习专业理论时具有感性认识，深化书本知识，提高观察、理解、分析和解决实际问题的能力以及促进学生应用知识的能力。首先，专业理论知识是和生产活动密切联系的，学生理解生产中的各种现象和形成正确的概念是掌握专业理论的基本环节。为此，学生必先感知客体，即到生产现场去看、问、记、操作等，取得感性认识；再通过分析、概括、想象推理等思维活动，获得较完整的理解，形成正确的概念，这样才能接受（或有效地吸收）专业理论知识。例如，教师讲某一毛坯是铸造出来的，当学生参观过造型、熔炼、浇铸、清理、回火等工艺过程，理解了铸造的基本特征时，很容易明白"铸造"是怎么一回事，否则便会不知教师所云。中等专业学校有很多关于工艺、设备等的教学内容，都需要学生有生产实际知识，虽然课堂中可用教具、现代视听等手段来加强直观性，但不能取代实践性教学活动。其次，由于教材的容量总是有限的，只能选取少量有代表性的基本原理和典型事例。书本知识是经过抽象和概括的，固然能深刻地反映事物的本质，但精练的文字毕竟比较难完全理解，且书本上反映的生产问题是静态的，又排除了非本质现象的干扰。最后，强调"应用"为学习过程的一个重要环节，是检验有关知识的正确性标准和衡量知识掌握程度或水平的标志。

　　技工学校的教育是我国技术教育的主要形式之一，旨在培训学生要能够掌握一定的生产操作技能、技巧和懂得必需的生产知识，这是技工学校培养技工的主要要求。在我国技工学校的教学中，长期以来一贯强调要根据职业需要对学生进行技能技巧的培训，即要以生产实习教学为主。1955 年第一次全国技工学校会议提出的"技工学校贯彻以生产实习为主的方针"曾得到国务院的批准。以后随着技工学校教育的不断发展与总结，在 1979 年国家劳动部门颁发的《技工学校工作条例（试行）》中，又明确规定："学校的教学，应该理论联系实际，以生产实习教学为主。"技工学校教学以生产实习教学为主，是技工学校教学的重要特点。在层次较低的技工学校，学生完成学习任务之后职业去向的明确，学生在校学习期内学到的职业技能，在很大程度上奠定了终身职业的要求。所以说，技工学校的教学属于完成性教学，是劳动力再生产的过程。由于具有这种特性，而工厂企业又以生产为主，就决定了技工学校的教学以生产实习教学为主的必然性。在技工学校里，生产实习教学是职业培训的主要基础，是对学生进行职业所需的技能技巧培训与基础技术知识教育的最好方式。学生只有在教学过程中参加生产劳动，才能逐步获得并提高自己专业需要的技能技巧，才能在工作生产中发挥自己的作用。假如技工学校的教学忽视了职业技能、技巧的培训，那就不称其为技工学校了。

　　技工学校的培养目标是中级技术工人，学校必须强调以生产实习教学为主。这与其他技术教育形式不一样，如机械工业的中等专业学校，对学生培养目标是以工艺为主的技术员，因此，在培养要求上既强调技术理论的教学，又重视在实践教学中技能的训练。但是操作技能只是多种实际技能中的一项，没有像技工学校那样是主要目标，因而在深度和广度上有明显的差别。由于职业需要的不同、培养要求的差异，学校应该根据不同类型与不同要求，把握各自的特点，决定自己的教学重点。技工学校不是过渡性质的学校，它的任务首先是让学生通过学校的教育，成为以有熟练操作技能为重要标志的技术工人。马克思指出"生产劳动与智力和体育相结合"是培养全面发展的人才的唯一方法。这在一定程度上体现了技术教育的目的性和实践性，要求我们通过教育与生产劳动相结合来培养人，只有这样要求，才能达到培养合格的新型劳动者的要求。对于生产劳动与教育的关系，列宁强调两者不能脱离一方而达到满足"现代技术水平和科学知识现状的高度"。因而在生产实习教学的过程中，一方面既要加强教学工作，同时还要密切结合生产，熟练的操作技能只有在实际的生产实践中才能培养出来；而且长期处在与工厂相似的教学环境中，最能端正学生的学习动机，养成重视产品质量的技术素养和"工匠精神"。

学生在接受技术教育之后，更多的是需要参加生产实践，故而在技术教学过程中，教师需要教以生产实践中实用的知识、技能和技巧，要求教师们培养学生能够解决生产实际中的问题能力。这些密切结合生产实际的知识、技能、技巧和能力，部分是在教师指导下通过课堂理论教学获得的，还有一部分是在教师指导下通过各种实践性教学获得的。进行实践性教学不仅是为了验证所学的理论知识，而是由于培养目标中某些知识、技能和技巧，主要还是通过实践性教学环节的学习才能获得。如中等专业学校等实验，不是单纯验证理论，而是要求在仪器、仪表的反复使用中，形成培养目标所要求的知识和技能。又如，中等专业学校的课程设计和毕业设计，要求学生综合运用所学到的理论知识和实际技能，解决典型的或生产实际中的课题，以培养学生分析并解决生产中实际问题的能力。再如，技工教育，更强调以生产实习教学为主，强调实践性教学环节使技术教育的教学过程具有其自身的特色。

技术发展水平、产品结构和劳动组织一起决定职业技术教育的培养对象"未来劳动者"的能力结构。对劳动者整体素质期望的提高，决定了在总结和完善传统的传播知识、传授技能的教学方法时，还需开发研究适应现代技术和社会要求的新的能力和素质的培养方法。随着信息技术的渗透应用，纯体力劳动和操作技能技巧在许多职业活动中的重要性越来越小，有些教学方法已经很难说清楚是理论教学法还是实习教学法。但是有一点是共同的，就是现代教学方法都是以培养综合从业能力为目标，具有很强的职业实践性。实践教学法体系在职业技术教育教学法中占据最为重要的地位。

三、关于技术教育教学过程中技术知识流动的基本规律

对技术教育教学过程本质的认识，虽然会随着认识水平和工具手段的变化而不断发展变化，但不变的是技术认识主体与技术知识流动之间的关系。个人在获得或者了解掌握能够应用的技术知识的过程中，一方面通过教学过程传授显性技术知识，另一方面通过教学主体实现隐性知识的习得。技术知识作为技术教育的重要内容，在技术理论与实践教学中，技术知识流动的基本规律是技术教育思想的主要内容之一。分析技术教育的教学过程，必然离不开从技术认识论的角度来解读其流动的规律、路径和影响因素。

（一）技术教育中技术知识和技术知识流动的内涵

对技术知识和技术知识流动进行分析是从微观角度审视中国化马克思主义技术教育教学思想的题中之义。要解读技术知识的含义，首先我们要确立技术知识并不是以往邦格等人所认为的科学知识的应用，而是一种不同于科学知识的知识形式。[①] 而我们将技术看作一种知识形式来分析，不仅将技术从人的外在延伸转变为内在思维固有成分，更是有利于认识技术教育的教学过程。

哲学家莱顿（E. Layton）在 1974 年技术史协会的主席致辞中声称"技术知识是关于如何做或制造东西的知识"[②]。1978 年，麦吉恩（R. McGinn）在《什么是技术》一文中进一步指出："技术立足于利用和创造知识体系，这种知识体系部分可以被合理地称为技术知识。"卡尔·米切姆（Carl Mitcham）在 1994 年版的《通过技术思考》一书中，提出了包括客体、知识、过程和意志四方面的综合技术概念，其中作为知识的技术，包括了技能、规则和技术理论等。而吴国林教授也提出了技术是由经验性要素、实体性要素和知识性

---

① LAYTON E. Technology as Knowledge [J]. Technology and Culture，1974，15（1）：31-41.

② LAYTON E. Through the Looking Glass，or News from Lake Mirror Image [J]. Technology and Culture，1987，28（3）：594-607.

要素涌现出来的。①

　　技术知识是关于人工物设计、改造或制作、使用及反馈的知识体系。技术知识不仅是指技术人工物的改造或形成过程所需要的知识，如人工物设计知识、制作技能、操作规则等；还是指技术本身涌现出知识的要素成分，如技术是什么、技术的价值、学习技术等。我们对技术知识的研究还需要深入其内部，探讨技术知识流动的基本因素、内部逻辑及其实践模式，继续推进实践性的技术知识体系研究。

　　狄克逊（Dixon）认为，"技术知识共享与交流就是将技术知识分给他人，进而使整个组织都理解此技术知识"②，技术知识的共享与交流也恰恰体现了其动态性，而技术知识的流动是技术主体以某种技术认知模式在技术实践活动中存在和完成的。根据马克思的实践观可知，实践是有目的的能动性活动；技术知识以人为技术主体，对于技术实践有着能动的导向作用，技术知识在技术知识流动过程中夹带着技术主体的目的性，其目标也是为了实现精神观念的共享和物化为产品。1963年周恩来曾指出："脑力劳动要和体力劳动相结合，精神产品才可以转化为物质品种。反过来，物质产品经过我们的观察、思考、研究，又可以提高，构成新的设计，然后再创造出新的物质产品。"③国内外不少专家学者根据设计的、方法论的、历史的等角度对技术知识提出了各种分类及子分类。技术知识具有明显的可分类性，且经分类之后的技术知识在目的性的作用下能够更有效率地进行流动，提高了技术实践过程中的效率。而且技术知识在进行分类和子分类之后，专业和核心的技术知识相对于较多样性和次要的技术知识在同类技术中更可能流动④，这为技术创新活动

① 吴国林.论技术本身的要素：复杂性与本质［J］.河北师范大学学报（哲学社会科学版），2005：91-96.
② 宋保林.企业技术创新过程中的技术知识流动研究［D］.沈阳：东北大学，2011.
③ 周恩来.周恩来教育文选［M］.北京：教育科学出版社，1984：208-222.
④ BATTKE B, SCHMIDT T S, STOLLENWERK S, et al. Internal or external spillovers-Which kind of knowledge is more likely to flow within or across technologies［J］. Research Policy, 2016, 45（1）：27-41.

提供了必要的信息，也为技术教育的教学过程顺利进行提供了更多可能性。

综上所述，技术知识流动是以人为主体，在技术知识的动态性、可分类性和目的性作为基本因素的共同作用下，以某种技术认知模式，依赖一定的技术实践模式，实现关于技术知识体系的精神观念形成和经技术实践物化为技术人工物两方面的有效动态传播过程。

（二）关于理论与实践教学过程中技术知识流动的内在因素作用规律

技术知识在理论与实践教学中的流动影响因素及其作用规律体现了技术教学的指导思想内容，技术知识存在于技术教育的理论教学和实践教学之中，技术知识在教学过程中的流动受到动态性、可分类性和目的性三个基本内在因素的影响。

首先，技术知识的动态性。技术的含义很多，我们可将技术看作关于技术人工物设计、改造或制作、使用的知识体系。莱顿在 1974 年提出"技术作为知识"的观点之后，1991 年帕拉伊尔（G. Parayil）在《技术知识与技术变迁》一文中也提出技术变迁的概念化和模型化是在技术知识的演变进化中出现的。[1] 技术知识并不是一个独立的存在，而是与技术实践密切相关的，我们要突破已有的从静态意义上看技术知识的思维惯性，从知识动态观的角度来解读技术知识。技术知识具有动态性，主要分为技术知识的迁移形成和实现物化两个部分，体现在技术主体间的精神观念形态和物化对象技术人工物的物质形态两方面。随着技术不断向前推进和技术人工物不断精细复杂化，技术主体要借助某种实践模式来完成对机器的操作，需要经过培训掌握必要的相关知识、技能。换句话说，在技术主体发挥技术作用的过程中，已然需要实现技术知识的流动。这些技术实践活动，体现了技术知识的动态性传播与习得。

---

① PARAYIL G. Technological knowledge and technological change [J]. Technology in Society, 1991, 13 (1): 289-304.

其次，技术知识的可分类性。不同类型的技术知识是相互区别的。[①] 技术知识作为独立的一种知识领域，技术哲学家或工程师们从不同的角度对技术知识的本质做出过各种各样的理解并对其进行分类。美国技术哲学家文森蒂（Vincenti）注意观察工程师在技术活动实践中需要哪些具体的知识，以分析五个航空人工物的改造或制作过程为例，提出将技术设计知识分为基本设计概念、标准和规格、理论工具、定量数据、实践考虑和设计工具六类具体知识。[②] 哲学家罗波尔（Ropohl）通过区别工程实践中技术知识的不同特征，提出技术知识可分为功能规则、结构规则、技术功能、技术诀窍和社会—技巧知识五种类型。[③] 分析哲学家德维斯（De Vries）从改进局部氧化硅膜片的工艺技术实践活动中，将其中具体涉及的技术知识划分为关于技术人工物结构的物理性质的知识、关于人工物客体的意向性的功能性质的知识、手段—目的知识和行动知识（关于在功能化与制作方面的知识）四类。[④] 从上述技术知识的分类，我们可以看出技术知识具有可分类性已经在学界得到统一认可，争议的只是如何分类的问题。在对技术人工物的设计、改造或制作、使用实践中确实有不同类型的技术知识存在，而且在技术实践中也需要范围具体的各种技术知识。技术知识具有可分类性，分类之后的技术知识更能有利于技术主体在技术实践过程中增强对技术知识的应用与形成，且与技术知识动态性中的物质过程相呼应。而由于技术知识的可分类性，使得人们对于技术选择的自由程度提高了，可以根据技术实践过程中不同的需求而选取相应的技

① VRIES D J M. The Nature of Technological Knowledge：Extending Empirically Informed Studies into What Engineers Know ［J］. Techné：Reasearch in Philosophy and Techology，2003 （6）：15-17.

② VINCENTI W G. What engineers know and how they know it：Analytical studies from aeronautical history ［M］. Baltimore：Johns Hopkins University Press，1990：222.

③ ROPOHL G. Knowledge Types in Technology. International Journal of Technology and Design Education ［J］. Educational Technology，1997（7）：65-72.

④ VRIES D J M. The Nature of Technological Knowledge：Extending Empirically Informed Studies into What Engineers Know ［J］. Techné：Research in Philosophy and Technology ，2003 （6）：15-17.

术知识，从而更有效率地促进技术知识流动。

最后，技术知识的目的性。对于事物何以可能，亚里士多德提出过四种原因，分别是质料因、形式因、动力因和目的因，并认为目的因是最重要的，强调自然界中任何一件事物都是有其目的性的。① 技术与人的意志相关，艾斯（M. Eyth）提出技术是以物质的形式去呈现出意志。技术在技术主体自身目的性的引导下，通过对自然规律的理解和把握，完成对客体和主体的特性的改造。技术在德绍尔看来是一种从思想引出的现实，这个过程需要对自然资源进行有目的的改造处理。② 汤德尔（L. Tond）认为技术也可看作作为主体的人为了达到某个目标，通过改变世界的某些特征，连接着主体与客观世界。从上述对技术概念的表述可看出，人的目的、意志或目标为技术的必要因素。对于以人为主体的技术知识，依赖于人的技术实践活动进行流动的技术知识，也必然带有人的目的性和意向性，且主要目的在于求用，为了实现某种特定的功能。人们的技术行为如设计、制造、使用工具和其他各种人工物，都带有目的性。技术实践是与人的"目的"融为一体的，技术知识包含了认知与意向性。如果技术知识失去意向性，那么其在技术实践中的流动就会处于无序甚至无法实现的状况，最终改造或制作技术人工物的任务也无法完成。

技术教育的教学过程不只是单纯传授技术知识和技能经验的过程，更是包括师生通过共同活动认识世界的过程，是学生得到全面发展的过程以及实现各种社会要求的过程。我们基于对技术知识的分析，从技术知识流动三个内在影响因素出发来认识技术教育的教学过程本质。由于 20 世纪以来自然科学技术的大发展，各门科学在经过几个世纪的分化发展之后，逐渐趋向结合。因此不能将自然科学的一些成就单项地、局部地应用到教学过程中，而是要从整体上、从全过程上、从微观上对教师、知识、学生三者组成的复杂的教学过程看作一个"系统"、看作一个"信息传递"的过程。技术教育的教学过程从微观的角度来看更是一个"技术知识流动"的过程，可以有目的有计

① 罗素. 西方哲学史［M］. 何兆武，李约瑟，译. 北京：商务印书馆，2015：215.
② Dessauer F. Streit um die Technik［M］. Frankfurt：Verlag Josef Knecht, 1956.

划地进行控制。在传统的普通教育教学中，包括教师教的活动和学生学的活动，这种师生的共同活动大多数是以教材为主，以知识为媒介的。而对于技术教育的"理论与实践"教学更多是在教师、学生和技术知识这三者的复杂相互作用中进行的过程，在这个过程中，教师对技术知识的传授，学生对技术知识的理解和掌握，师生在共同的理论与实践活动中完成一定的技术知识流动的教学任务。

在技术教育中，技术知识的传授除了在教室中传授的科学技术理论知识之外，技术实践教学环节也在整个教学过程中占有很大的比重。技术实践活动中可以通过制作出技术人工物来辩护技术知识的有效性。技术知识不仅存在分类分解的过程，同时也存在整合的过程。而整合技术知识是否成功，德维斯教授提出了评价的标准，就是通过应用整合出来的技术知识来设计产品，看设计的产品是否成功来检验的。① 技术教育的技术实践教学活动也是一种技术实践活动，凭借此活动过程即依赖某种技术实践模式，技术知识才能够物化为技术人工物。在技术实践的教学过程中，要完成一系列的步骤和程序才能够呈现出技术知识从一种观念模型转化为具体的技术人工物实体。技术知识是认识向实践转化的环节，对实践有着直接的指导作用，实践者可以根据这些知识进行技术创造实践活动。②

由于技术知识不是对客观事物的反映和说明，而是一种技术主体为了改造制作理想技术人工物的实践过程的观念模型。③ 在技术教育的技术实践教学中，更加要选择有效的技术知识来满足技术知识流动的需要，实现更有效率和质量的技术教育。而如何辩护技术知识的有效性，在于是否能够在技术教学的实践活动中满足主体的需求而成功地制作出一定的技术人工物来。这就说明了在技术知识流动过程中，实践之后能否使技术知识达到预期的结果，是检验技

① 陈凡，朱春艳，邢怀滨，等. 技术知识：国外技术认识论研究的新进展：荷兰"技术知识：哲学的反思"国际技术哲学会议述评 [J]. 自然辩证法通讯，2002（5）：91-94.

② 程海东，刘炜. 技术认识论刍议 [J]. 自然辩证法研究，2013（7）：31-42.

③ 张斌. 技术知识论 [M]. 北京：中国人民大学出版社，1994：195.

术知识的有效性标准。而正确的技术实践模式所涉及的内容很多，包括了技术知识的应用方法或是对技术条件的正确把握等。这里在教学过程中要考虑一点，就是在判断技术知识能否根据主体的意向性顺利物化为技术人工物时，除了要考虑技术知识本身是否有效之外，还需要考虑运用技术知识的方法和技术条件的把握是否正确。故而，从广义上来说，在技术教育的技术实践教学中，从微观技术知识流动的影响因素来看，不仅仅需要考虑技术知识的有效性，即可以物化为技术实体中所运用的技术知识；还需要在技术实践教学中考虑正确把握技术人工物实践过程中应用技术知识的方法和正确把握相关技术的条件。

本章小结

本章主要从宏观层面中国共产党的技术人才思想、中观层面中国共产党的技术学校发展思想和微观层面中国共产党的技术教学思想三个层面构建中国化马克思主义技术教育思想的基本内容。

在现代社会的大生产中，劳动力的再生产更多追求的是智力方面的发展，而智力方面的发展需要以教育实践活动作为社会再生产的必要条件，这样才能够符合现代生产发展的需求。现代生产中科学技术的不断广泛深化运用，都会造成诸多方面的变化：生产的工艺过程日益完善、劳动组织发生根本改观、自然力逐渐替代人力、自觉运用科学于生产代替了凭经验办事的常规等，从而引起"劳动的变换、职能的更动和工人的全面流动性"①。上述关于现代生产的一些客观属性，从总体上看是对劳动者提出了新的要求，需要具有"现代科学文化知识""现代技术知识与操作基本技能"。换句话说，也就是要求从事现代社会生产实践活动的新型劳动者要具有宽技术基础的专业技术。

"中国共产党的技术人才思想"主要是围绕着"中国共产党领导人技术人

---

① 中共中央马克思恩格斯列宁斯大林著作编译局．马克思恩格斯全集：第23卷［M］．北京：人民出版社，1972：534.

才观的演变"和"当代技术人才观需要融入'人文素养'和'工匠精神'的思想理论"这两方面展开阐述的。随着"中国制造2025"的提出，信息化技术与传统产业工业的深度融合与改造，不断加快产业的转型升级，需要在现代生产过程中依靠科学技术人才将科技成果应用于生产过程中来实现技术的改造与仪器设备的更新，需要高素质的技术劳动者对其应用和在生产、建设、管理的第一线进行劳动实践活动。中国共产党的技术人才思想能够在新的时代背景下指导我国培养满足现实需要的各类技术人才，解决我国"技术人才断层问题"。而在现实生产中对技术人才的需求是多层次的，相应地，也需要各级各类学校的科学合理的发展。自从党的十一届三中全会以来，中国共产党领导人对技术教育给予了极大的重视，从现实和法律法规上都确立了技术教育体系特别是职业技术教育在我国建设中的地位和作用。对技术教育各级各类学校的"培养目标""发展方针""办学模式的指导思想"等都构成了中国共产党的技术学校发展思想，其宗旨都是为了培养现代新型的生产劳动者。马克思主义的教育与生产劳动相结合的教育原理与综合技术教育思想，基本上都是为技术教育的任务和培养目标确立了基本的方向。微观层面的中国共产党的技术教学思想包括"宽技术基础综合多面发展"的专业设置指导思想、技术理论与技术实践教学过程中技术知识流动规律以及"重视实际操作和实际知识"的技术教学思想三方面。

第五章

中国共产党技术教育思想的理论与实践意义

　　科学技术的发展直接带动着整个社会经济产业的变革，还会引起世界性的经济结构发生调整和变革。世界科技发展出现了新一代信息技术发展、共享经济等新兴产业的兴起、生命科学和生物技术等的发展趋势，世界各国出现了加快发展新兴产业化，推进"数字技术"与"传统制造业"结合的"再工业化"。① 我国作为最大的发展中国家也需要加大科技投入，实现产业结构转型升级，培养新型的技术人才，力争在新一轮的实体经济国际竞争中有一席之地。在此现实背景下，"技术人才培养困境"又出现了解决的迫切性，马克思主义综合技术教育思想在与我国的具体实际和时代特征相结合中又一次展现了勃勃生机的生命力。阐述中国共产党技术教育思想具有三方面的理论意义和从摆脱"技术人才培养困境"出发考察三类技术人才具体的教育现状不足及解决思路，从而肯定了中国共产党技术教育思想对摆脱"技术人才培养困境"的实践意义。

---

　　① 中共中央文献研究室．习近平关于科技创新论述摘编 [M]．北京：中央文献出版社，2016：75.

第一节 中国共产党技术教育思想的理论意义

一、对马克思主义技术教育思想的进一步丰富和发展

毛泽东曾经说过"用马克思主义的立场、方法来解决中国问题,创造些新的东西,这样就用得了"①。"解决中国问题"和"创造些新的东西",同时适用于中国化马克思主义技术教育思想的发展。中国化马克思主义技术教育思想是对马克思主义关于教育同生产劳动相结合的教育原理及关于综合技术教育的科学理论的进一步丰富和发展,是建立在与中国的革命、建设和改革的具体实际和时代特征相结合的基础之上。现代经济和技术的迅速发展,要求培养的技术人才具有更加全面的劳动能力,要求教育质量和教育效率迅速提高,因此我们对于"人的全面发展"要有更深的理解,在教育与生产劳动结合的内容上、方法上要不断有新的发展。

(一) 对马克思主义人的全面发展观进一步丰富和发展

对于技术教育在人全面发展中的作用,中国马克思主义者结合中国的具体实际不断丰富其观点,且在当今的后工业社会,技术无处不渗入我们的生产生活中,我们个体价值的实现自然也与技术息息相关。技术教育能使作为个体的人获得理解和掌握技术的能力,能够在技术面前得到人的解放,进行独立的思考、判断和选择。

1. 马克思恩格斯关于现代化生产中技术教育促进人的全面发展的观点

恩格斯在《反杜林论》中指出"劳动与教育相结合"可以确保"技术训练"可以多方面,同时又为科学教育提供了实践基础。②"新的生产力"的创

---

① 毛泽东. 毛泽东文集:第2卷 [M]. 北京:人民出版社,1993:408.
② 中共中央马克思恩格斯列宁斯大林著作编译局. 马克思恩格斯全集:第20卷 [M]. 北京:人民出版社,1972:347.

造离不开全面发展的劳动生产者，而这样的全面发展的生产者既要具备整个工业生产的科学基础又要在生产实践中能够阅历过系列的生产部门。① 这样的劳动者，恩格斯在《共产主义原理》中也提到过，整个社会经营工业需要通晓整个生产体系的人，即各方面劳动能力都得到发展的人。而这样的劳动者需要技术教育来引导其尽快熟悉各个生产系统，甚至可以使劳动者根据社会的需要或自身的兴趣在不同部门之间轮换。② 恩格斯在此处提到人的全面发展，是指"才能得到全面发展"，这里说的"才能"是指劳动才能。基于此，在马克思主义语境下，人的全面发展是指人的劳动能力尽可能多方面发展，而不是在共产主义社会中的每个人都能得到"全面发展的个人"。③ 那么"促进人的全面发展"的基本途径就是对劳动者进行技术教育，技术教育可为生产劳动者摆脱现代这种分工所造成的个人发展的片面性，这也是恩格斯对现代大工业生产发展中存在的必然要由单一的工种性质的技术教育转向综合技术教育趋势的预见。也就是强调了技术教育可为生产劳动者摆脱现代这种分工所造成的个人发展的片面性。

马克思关于《临时中央委员会就若干问题给代表的指示》中提出要将有偿的生产劳动、智育、体育和综合技术教育相结合，从而提高工人阶级劳动者的地位。而技术本身的特性决定了进入技术圈的人要经过系统的技术教育和培训，这也从侧面说明了技术教育对人才培养目标和培养路径具有独特性。马克思、恩格斯关于教育与生产劳动相结合及综合技术教育的思想体现了现代大生产对新型劳动者的要求，也是克服传统手工业生产造成人发展的片面性，满足现代化大生产的需要从而培养全面发展的人的方法。马克思在《资本论》中就曾论述过现代工业从来不把"某一生产过程的现存形式"当作

---

① 中共中央马克思恩格斯列宁斯大林著作编译局. 马克思恩格斯全集：第 20 卷［M］. 北京：人民出版社，1972：321.

② 中共中央马克思恩格斯列宁斯大林著作编译局. 马克思恩格斯全集：第 1 卷［M］. 北京：人民出版社，1972：223.

③ 刘永鹏. "人的全面发展"释义及实现途径［J］. 人民论坛，2010（17）.

"最后的形式"，故现代工业的技术基础不同于以往的保守技术基础，而是革命的。现代大生产不断地使社会内部分工发生革命，甚至能使劳动者从一个部门投到另一个生产部门。因此，大工业的本性已经决定了劳动职能的变动以及工人的全面流动，既然工人需要具有流动性，那么自然就需要在多方面的劳动能力得以发展，才能够适应岗位之间的变动。最终实现能在社会不同职能之间交替的全面发展的个人来替代只承担一种社会职能的片面发展的个人。这就涉及如何造就全面发展的个人，马克思提出"生产劳动同智育和体育相结合"是提高社会生产与造就全面发展的人的重要方法，甚至认为是培养全面发展的人的唯一办法。

现代大工业的本性要求出现新型的劳动者，能够将科学技术运用在生产实践中，并使个人尽可能多方面发展。技术教育不仅是和生产劳动紧密联系在一起，以传授生产劳动经验和技术理论知识为主要内容的教育，也是改变人的自然属性，使其全面发展成为社会人的过程。而从现代大工业生产与人的全面发展的关系角度上，能够更深刻地揭示综合技术教育对于促进人的全面发展和为现代生产服务的重要意义。

2. 中国共产党技术教育思想对马克思主义关于人的全面发展的丰富和发展

马克思主义基于社会是由人构成的观点，指出社会发展水平由人的生存状况和社会关系状况决定。人的自身发展能够推动社会的进步，而在马克思、恩格斯看来，人的自由而全面的发展更是与共产主义具有内在统一性。实现每个人自由而全面的发展是共产主义的最高目的。

新中国成立以来毛泽东同志从德、智、体三个方面主张人的全面发展，其认为在儿童时期就应该健全地发展身体，又认为德育的内容具有时代性，毛泽东认为在新中国成立初期的德育是共产主义的情操、风格和集体英雄主义的气概。这两个方面既是与智育联结一道，又是与劳动相关，坚持了教育与劳动结合的原则。总的来说，毛泽东同志所主张的全面发展，是要使学生得到比较完全的和比较广博的知识，发展健全的身体和共产主义道德。① 在新中国成立以后，党和政府反思了教育发展的历史经验，学习苏联技术教育模式，对旧中国遗留下来的职业学校进行了改造，并做出了注重技术教育的决定："有计划有步骤地实施普及教育，加强中等教育和高等教育，注重技术教育。"② 在当时，国家经济处于恢复和调整时期，急需大量的既有一定的政治素养又有专业技术知识的"又红又专"的技术人才。为此，从新中国成立之初到 20 世纪 50 年代中期，我国创办了大批中等专业学校，积极发展各种类型的技工学校，从思想和实践上都将技术教育纳入培养人"德、智、体"全面发展的路径之一。

改革开放以来，我们党和政府都着眼于人民事业发展的全局，能够准确把握时代特征和中国国情，在坚持和发展中国特色社会主义这个主题时，始终将人的全面发展摆在重要位置，将人的全面发展落实在经济与社会发展的全过程，其中在职业技术教育方面，国家更是出台了很多针对性的政策，反映出对技术教育认识和实践的不断深化。在改革开放之初，邓小平明确提出："应该考虑各级各类学校发展的比例，特别是扩大农业中学、各种中等专业学校、技工学校的比例。"③ 1985 年出台的《中共中央关于教育体制改革的决定》更是将职业技术教育的发展推向一个新的高潮。邓小平同志出于对科学技术重要性以及人作为生产力中最活跃因素的认识，提出技术教育对培养各级各类技术人才的关键作用，且强调各级各类技术人才是指要习得发展现代科学文化知识和掌握获得各行各业的新技术、新工艺。

技术教育与人的全面发展有着非常重要的关系，且技术教育不再是某一阶段某一特定时期的一种技术教育，而是贯穿人终生的技术教育，在世界各

---

① 这是毛泽东在审阅中共中央宣传部部长、中央文教小组组长陆定一的《教育必须与生产劳动相结合》一文时加写的两段文字。陆定一的这篇文章后来发表在 1958 年 9 月 1 日出版的《红旗》杂志第 7 期。

② 何东昌. 中华人民共和国重要教育文献（1949—1975）　[M]. 海口：海南出版社，1985：1.

③ 邓小平. 邓小平文选：第 2 卷 [M]. 北京：人民出版社，1994：108.

国都针对此提出了"终身职业教育""生计教育""终身就业""终生跨度的职业教育"等概念。技术教育贯穿人的一生并促进人的全面发展的思想得到肯定，替代了之前认为的技术教育只是某一时期针对某一职业所接受的早期终结型教育的思想。① 要培养全面发展的人离不开技术教育贯穿终生，技术教育通过适当的结构和方法，使人能够在劳动变换、职能的更动和岗位的流动中保持对理论知识、专业知识和技能经验具有一种持续性和适应性。同时让其成为个人能实现自我发展的手段。② 特别是随着生产力的发展，科技在不断进步，职业与人之间的相互要求也在发生变化。当代工业大生产条件下，劳动者对职业的选择不再是经过一次技术培训就可以终生受用，而是要经过一个较长时间的探索才能确定下来。故从人本身全面发展的角度来看，就业前的技术教育应该尽量为其提供宽泛的专业技术知识和技能训练，为其以后进行劳动的变换、职能的更动和全面流动提供基础。也就是说，技术教育中为学习者提供越多的技术知识、越宽泛的技能训练，学习者在职业生中就会越得心应手，具有灵活性和适应性。

而从社会发生巨大的变化来看，产业更替加速，产品更新换代加快，劳动分工不断改变，特别是由单一的工作向复合工种转变，由手工工业向局部机械化再向全盘机械化转变，由局部自动化向全盘自动化转换，都对技术工人提出了新的要求。如在全盘自动化的生产过程中，工人已不再需要直接参与工艺过程，由于自动线通常包括一系列完成各种生产工序的不同种类的机床，有组合机床、柔性加工单元等，客观上要求看管这种自动线的工人了解每一道工序、每一台机床和整个工艺过程。③ 这在客观上就要求人们要改变满足于习得"一技之长"的传统想法，提高习得新的职业需要的思想准备和基

① 国家教委职业技术教育中心研究. 职业技术教育原理［M］. 北京：经济科学出版社，1998：45-51.
② 保尔·朗格朗. 终身教育引论［M］. 周南照，陈树清，译. 北京：中国对外翻译出版公司，1985：44.
③ H.A. 伊万诺夫，麦奇科夫斯基. 劳动经济学［M］. 刘学忠，等译. 北京：生活·读书·新知三联书店，1981：101-102.

本能力，才不会在失业时束手无策，以致难以在新型的产业部门或其他工作岗位找到重新就业的机会。

随着社会的发展，技术教育需要确立着眼于每个人的未来发展的价值取向。在信息时代里，为了适应大量信息的出现，人的职业发展呈现出一个动态的过程，人们需要获得新的技术教育，因此也越来越呈现出一种终身化的特征。职业技术教育终身化理念的价值就在于人们通过接受各种全面的、持续的教育和职前职后的培训等，从中不断发展自己、完善自我。同时技术教育也要面向所有人，都需要具备一种可以在多工种领域之间转换的能力，要培养他们有能力在各种专业中尽可能多流动，① 以进一步满足人的全面发展需求。

（二）对"教育与生产劳动相结合"原理的进一步丰富与发展

"教育与生产劳动相结合"这一教育原理在中国共产党技术教育思想中有着重要的基础作用。邓小平同志在提出诸多技术教育思想指导我国技术教育事业发展的过程中也提到要将"教育与生产劳动相结合"从内容到方法上有所创新，并且在各级各类学校中要做好对此的安排。②

恩格斯在《反杜林论》中也指出了"劳动与教育相结合"的重要作用，认为既可以保证劳动者受到多方面的技术训练，又可以成为科学教育的实践基础。③新中国成立初期由于各级各类技术人才的培养水平达不到社会经济发展的需求，对此当时的政务院和教育部曾先后分别出台了相关的政策，如对于中等技术学校的培养目标在中国人民政治协商会议共同纲领文化教育政策中，强调初级和中级技术人才的培养要"理论与实际相一致"，兼具"基本的科学知识和必要的文化"，重点要"掌握一定的现代技术"，把握好"为人民服务"的方向。20 世纪 50 年代末，我国颁布了《关于教育工作的指示》将

---

① 联合国教科文组织国际教育发展委员会 . 学会生存：教育世界的今天和明天 [M]. 北京：职工教育出版社，1989：16.

② 邓小平 . 邓小平文选：第 2 卷 [M]. 北京：人民出版社，1994：107.

③ 中共中央马克思恩格斯列宁斯大林著作编译局 . 马克思恩格斯全集：第 38 卷 [M]. 北京：人民出版社，1972：347.

"教育与生产劳动相结合"作为党的教育工作方针，同时确立了教育的方向"要为无产阶级服务"。培养出"有社会主义觉悟""有文化"的劳动者，且"必须把生产劳动列为正式课程"。

"教育与生产劳动相结合"在上述党的教育基本方针确立之后在不同级别和类型的技术学校都有了新的发展。毛泽东在1958年对教育方针从内容到形式上做出了新的调整，具体是在《工作方法六十条（草案）》中提到中等专业技术学校等可以实现让学生半工半读，既做到了生活生产中的自给半自给，又能充分将"教育与生产劳动相结合"这一教育方针具体化。同年，刘少奇也提出要试行两种教育与劳动制度。1958年开始的六七年间，随着半工半读教育试验的开展和"两种劳动制度和两种教育制度"的提出，农业中学也积极推行耕读结合，积极采用学习时间与劳动时间合理分配的方式开展半工半读的模式，这种耕读结合的方式，在农业中学中取得了显著的效益。以这种模式发展农业中学，是适合我国当时落后的社会经济状况，而且也是对"教育与生产劳动相结合"的创新性尝试。到了1964年刘少奇再次提出从我国社会经济教育发展的长远角度看，需要培养"脑力与体力均衡发展"的新型劳动者，建议各省、市、自治区试办半工（农）半读学校，在试验的基础上总结经验、逐步推广，直到1979年党中央对于刘少奇早年提出的半工（农）半读的劳动与教育制度给予了肯定，并在制定规划时能够要求继续对"教育与生产劳动"这一教育方针继续在内容、形式与方法上不断有所发展。

以上内容都体现了中国共产党技术教育思想关于教育与生产劳动相结合的马克思主义教育原理的新发展，无论是半工（农）半读两种制度、理论与实践相结合、技工学校办工厂等，都是作为中国共产党技术教育思想中的重要思想理念，更多的是对马克思主义教育与生产劳动相结合的理论的进一步丰富和发展。这样的技术教育思想是发展和深化了马克思主义教育理论，是将马克思主义教育与生产劳动相结合理论与中国技术教育实践相结合的产物，也是对其的继承和发展。

二、对中国古代技术教育思想地位、价值取向和指导理念的超越

中国古代技术教育思想有其历史局限性，中国共产党技术教育思想与古代技术教育思想有本质的区别。中国共产党技术教育思想更多的是对中国古代技术教育思想的超越，具体体现在技术教育思想地位、技术教育思想价值和技术教育思想理念三个方面。

（一）技术教育思想地位上，从"微末之学"到"科教兴国"的战略地位超越

古代技术教育思想以社会分工为基础，以技术与劳动生存相结合为特征，零零散散的思想观点，并未在中国的教育思想史上占据重要地位。古代技术教育思想虽有其闪光之处，如墨子的"农与工肆之人"的培养、傅玄的"九品人才观"、颜之推的"劳动教育观"、胡瑗"一学两斋"的苏湖教法、元代社学、颜元赣南书院"六斋"实践观等，但是这些优秀的具有时代先进性的技术教育思想在整个古代教育思想里始终处于微末之学。

虽然古代技术教育对提高人的技术意识和生存能力有着很重要的意义，但是古代教育思想的主流是思想伦理道德教育和传播传统文化，对技能、生产劳动知识和自然知识的传播和重视几乎阙如。如形成于西周时期的"六艺"教育，后期也为胡瑗"苏湖教法"、朱熹及颜元等所沿袭和重视，虽然其中有使用技能的教育，但始终不是与思想道德、礼仪规范和文化知识教育所对等相融的地位。古代教育思想主流是要培养治国安民的贤能之士，特别重视思想品质和伦理道德教育，如孔丘虽然继承六艺教育传统，并亲自整理古代文献，形成"六经"，但其教育内容却有严重缺陷，将自然知识、生产劳动知识和技能等置于末流的位置，甚至予以忽视。古代也存在官立的科技专科学校，但是与政局变迁关系密切，发展很不稳定，且在儒家重道德轻技巧的传统思想支配下，古代技术教育思想的地位始终不及普通儒学教育，官学中专业学校的师生待遇自然也低于儒学。例如南北朝后期政治家、教育家颜之推虽然肯定技能习得的重要性，但是仍然认为学习传统儒家之道，以儒家经典为主

业，才是成为"上等人"的保障。

相对于古代技术教育思想地位的低下，中国共产党领导人对技术教育思想地位的认识有了质的超越。如 1985 年中共中央提出"要大力发展职业技术教育"，2000 年江泽民强调"努力办好各级各类职业技术教育"，2002 年朱镕基提出将职业教育"摆在更加重要的位置"且以"科教兴国"的大事来对待，2010 年政府发布的《国家中长期教育改革和发展规划纲要（2010—2020年）》中将职业技术教育思想放在了"体现终身教育理念"的重要地位，到 2012 年党的十八大提出"加快发展职业技术教育"，将职业技术教育确立为我国"国民教育体系和人力资源开发的重要组成部分"，是"广大青年打开通往成功成才大门的重要途径"。从一系列党和国家领导人提出的对"技术教育思想"的观点来看，中国共产党技术教育思想的地位已经颠覆了古代技术教育思想所处的微末之学，提升至与"科教兴国"对等的高度并与普通教育思想相沟通，构建中国特色职业教育体系的战略地位。

（二）技术教育思想价值上，从"制器"到"育人"的价值取向超越

古代技术教育思想是建立在以农业为主的自然经济社会，其产生主要依赖于社会生产力的发展、社会分工的影响、古代工艺技术的进步和古代社会对技术人才的需求重视等各方面的基础之上，总体来看是离不开整个人类历史领域中社会生产力的提高、技术的进步和社会分工复杂化对各类技术人才的需求演变。古代的技术教育思想主要是围绕着"技术传承"，旨在"制器"而非"育人"。古代的生产力相比当代极为低下，随着社会分工之后，技术教育的发展主要是出于劳动、制造生产工具的需要。如随着生产力逐步提高，人们对于生活质量开始有了新的需求，便催生了房屋建筑技术与舟车制作技术。古代生产力发展程度尚处于较低水平，无论是农牧渔猎还是工商业，都是以人力生产劳动的形式为主，工作技能也只能是在生产过程中逐步积累起来，所以早期的技术教育，都是在生产过程中边干边学，完成技术的积累和传承，整个过程是与生产工作实践相结合。即使技术教育从学徒制发展到专业化教育，如胡瑗"一学两斋"的苏湖教法、元代社学、颜元赣南书院"六

斋"实践等，也并未将技术教育真正提升至"育人"的高度，始终停留在"制器"之需。例如颜之推虽提倡学习技艺，也只是将强调多掌握一点技艺看作多一条生存之道。

技艺体现了人与物之间的关系，当技术工人主体为了"制器"而接受习得技艺的技术教育，技术工人即使全面获得了生产工具和生产原理，也难以得到全面的发展。在古代的学徒制度中，即使职业道德教育始终与技艺、规范相融为一体，这一点可以从学徒制度的考核注重其"诚"和"效"中体现出来，也始终没有把技术教育从思想上转向"育人"导向。如古代先秦典籍中提出"六府""三事"的技术教育思想，其中"六府"几乎包括了以工农业为核心的各种应用性科技活动，"三事"中"利用"一事指明了技术教育的目的是制造人工物并增加财富。

中国共产党技术教育思想的价值取向则突破了古代技术教育思想"制器"之用，转向"育人"的技术教育思想价值观。

1985 年发布的《中共中央关于教育体制改革的决定》中强调要造就数量与规模庞大的劳动者，劳动者既能业务精通，又能具备综合技术素质，而且是能够"有理想、有文化、有纪律"的社会主义事业的建设者。2010 年职业技术教育的十年规划是国家在发展方式转变和经济结构调整转型升级的背景下提出的，职业技术教育的发展要"体现终身教育理念"[1]，进一步转向"促进人的全面发展"的"育人"价值观新高度。2015 年 1 月教育部颁发了《中等职业学校德育大纲（2014 年修订）》，充分体现了党的十八大以来党和国家对技术人才的道德风貌又有了新的要求和指导，并且重视中等职业院校对培养技术人才的德育实践所采用的创新性举措。至此，中国化马克思主义技术教育思想"育人"价值观更加全面。

---

[1] 中共中央，国务院. 国家中长期教育改革和发展规划纲要（2010—2020 年）[R]. 北京：人民出版社，2010.

（三）技术教育思想理念上，从"付之阙如"到"丰富发展"的指导理念超越

中国古代技术教育思想是基于技术教育实践，如学徒制或是专科化教育，在不断的实践基础上，一些技术教育家提出了一些较为先进的技术教育思想，如傅玄"九品人才观"、颜之推"劳动教育观"、胡瑗"一学两斋"的苏湖教法、元代社学、颜元赣南书院"六斋"实践等，但始终没有形成一个系统的技术教育思想理念，可以说是缺少一个自上而下的思想来指导和运用到技术教育实践中。而中国共产党技术教育思想以马克思主义综合技术教育思想、马克思主义基本教育原理为指导完成了这一超越，并且结合不同时代特征和我国的具体实际加以丰富和发展。

马克思经过机器大工业社会的考察，认识到社会大生产要求"劳动的变换、职能的更动和工人的全面流动"。马克思给参加 1866 年 9 月 3 日至 8 日在日内瓦举行的国际工人协会第一次代表会议上的伦敦代表写了《给临时中央委员会代表的关于几个问题的指示》，其中指出将教育理解为智育、体育和技术教育三类。其中强调技术教育是指"使儿童或少年了解一切生产过程的基本原理，同时使他们获得使用一切最简单的生产工具的技能"[1] 的教育。马克思提出的综合技术教育思想使教育与生产劳动相结合成为可能。这对于"造就全面发展的人"有一定的功能意义，因为能够适应不断"劳动变换、职能更动和全面流动"的现代工人，在一定程度上就是一个体力和智力得到全面发展的人。[2]

马克思的综合技术教育思想和教育与生产劳动相结合的教育原理在中国得到了丰富的运用和发展。如毛泽东于 1922 年 8 月在湖南长沙创办自修大学时就强调劳动教育的意义，重视脑力劳动和体力劳动的结合。1930 年 9 月，

---

[1] 中共中央马克思恩格斯列宁斯大林著作编译局. 马克思恩格斯全集：第 16 卷 [M]. 北京：人民出版社，1964：216-218.

[2] 程敬宝. 综合技术教育的功能与现代教育改革：兼论马克思主义综合技术教育思想的伟大意义 [J]. 东北师大学报（教育科学版），1988（3）：13-18.

毛泽东提出"智力与劳力要均衡发展的原则""教育与劳动统一的方针"以促进苏维埃的教育大力发展。1934年1月，在第二次全国苏维埃代表大会的报告中毛泽东指出了苏维埃的文化教育总方针，提到把"使教育与劳动联系起来"这一与继承马克思主义教育原理的方针内容作为教育总方针的重要内容之一。毛泽东在1958年1月的《工作方法六十条（草案）》中提出，中等专业学校和技工学校办工厂，进行生产，做到自给半自给，学生实行半工半读。刘少奇最早提出两种劳动制度，两种教育制度，在城乡创办半工（农）半读学校，把它作为正规的劳动制度和正规的教育制度。同年，随着《关于教育工作的指示》，党的教育方针提出要实现"为无产阶级的政治服务""教育与生产劳动相结合"，指明了教育的目的是培养"有社会主义觉悟""有文化"的劳动者。邓小平就如何发展职业技术教育这个问题，提出了三个方法，其中有一点强调通过教育与生产劳动相结合培养学生的操作能力和应用能力。[①]

三、对中国近代技术教育思想的跨越式发展

在近代"西学东渐"、洋务运动创办近代企业、大量农民转为工人的大背景下，中国教育由传统的注重儒家文化伦理知识的传播向中国"西学"观的演进和"中体西用"思想的转变，也开始了中国技术教育近代化的历程。我国近代技术教育思想在实践上经历了早期的工艺技术教育、实业教育体系在正统学制中的确立等阶段，在曲折中向前发展。中国化马克思主义技术教育思想在沿袭吸收中国近代技术教育思想有益成果的基础上，从理念到实践上都实现了跨越式发展。

（一）技术教育思想指导理念上的跨越式发展

近代技术教育思想理念比较有代表性的有洋务学派，维新思想教育家，近现代教育家黄炎培、蔡元培等提出的技术教育思想。

---

① 王建勋，黄立志. 试论邓小平职业技术教育思想及其发展［J］. 辽宁教育学校学报，1999（6）：36-38.

　　洋务学派的李鸿章认为教育的首要任务在于传授科学技术知识，并给人们以科学方法的训练，对于教育本身也必须用科学的方法进行研究。同样是洋务派代表人物的张之洞以"中学为体，西学为用"的观念大力创办新式学堂。近代教育家郑观应主张全面引进西方学校教育体制，在基础教育之上的学校分为六科，学生可依据自身的兴趣资质，选择一个学科专业学习，以达到培养各类技术专业人才的目的。近现代教育家黄炎培的职业教育思想较为丰富，被认为是我国现代职业教育的珍贵思想源头，黄炎培认为培养技术人才在于教育与职业、学校与社会相结合，甚至直接提出我国以后的富国政策发展应该"取决于职业教育"。近现代教育家蔡元培针对当时普通教育中的中小学生毕业后不能升学又谋生无能的窘况，提出了"为中学筹救济，当注重职业教育"。就此提出了具体方案，一是改良普通教育，酌加农、工、商诸科；二是开办各种类型职业学校；三是对现有的实业学校进行改造，"打破尊士陋习，教员能共同操作，学生能忍受耐劳"。这个思路基本与黄炎培提出的构思相类同，既要改造旧实业学校又要在普通学校加入职业教育的内容。

　　但是近代技术教育也具有一些发展弊端，如技术教育的主要内容和形式主要依附于近代企业，主要立足于国家政治军事上的动因而缺乏社会生产力发展的直接需要，被束缚于"中体西用"的藩篱之中，文化上存在中西方思维方式、技术概念等的转换和解释问题。[①] 中国共产党技术教育思想克服了近代技术教育思想的弊端，又在近代技术教育思想的基础上实现了跨越式发展。1930 年 9 月，毛泽东提出了"智力与劳力要均衡发展的原则""教育与劳动统一的方针"以促进苏维埃的教育大力发展。随后毛泽东同志还阐明了职业技术教育如何服务于革命战争的胜利，如何服务于阶级斗争的政治方向。还提出了中央苏区文化教育和建设的中心任务，其中提出的"社会教育"主要

---

　　① 张利华.中国近代的技术教育：1860—1890 [J].自然辩证法研究，1992 (11)：59-64.

是在职业技术教育方面，① 到了 1944 年延安开展大生产运动，各个学校更是深入贯彻了"教育与生产劳动相结合"的方针，在一定程度上提高了技术教育质量和社会的经济效益。在新中国成立前夕，1949 年 9 月召开的中国人民政治协商会议第一届全体会议上，制定了《中国人民政治协商会议共同纲领》，指明了文化教育是"新民主主义的，即民族的、科学的、大众的"，另外特别强调要"注重技术教育"和"劳动者的业余教育"。新中国成立初期鉴于各级各类职业技术学校对人才的培养目标不明确，培养的技术人才与国家的要求有一定的差距，对此政务院和教育部对技术学校提出了明确的培养目标。例如对于中等技术学校的培养目标，强调初级和中级技术人才的培养要"理论与实际相一致"，兼具"基本的科学知识和必要的文化"，重点要"掌握一定的现代技术"，把握好"为人民服务"的方向。1958 年党和国家提出了教育工作方针，指出了教育工作的两个方面原则："与生产劳动相结合"和"为无产阶级的政治服务"。

强调"学校办工厂和农场，工厂和农业合作社办学校"，实行国家办学与厂矿、企业、农业合作社办学并举，普通教育与技术教育并举，成人教育与儿童教育并举，全日制学校与半工半读学校、业余学校并举，促进了职业技术教育的大发展。2013 年中共中央关于全面深化改革若干重大问题的决定提出"深化体制改革，创新各层次各类型的职业教育模式""牢牢把握服务发展、促进就业的办学方向"，与产业升级、技术进步、创新创业、脱贫攻坚的时代要求更加契合。2015 年 5 月李克强总理"职业教育活动周"做出批示"加快发展现代职业教育"，要实现"职业教育的跨越式发展"。

中国共产党的技术教育思想上并没有在近代技术教育思想上循序渐进，而是以马克思主义综合技术教育思想和"教育与生产劳动相结合"的基本教育原理与中国具体实际相结合，实现了理念上的跨越式发展。

---

① 钟利民，黄敏哲，谢元海，等. 中央苏区时期毛泽东的职业技术教育思想、实践及其价值 [J]. 党史文苑，2014（12）：24-26.

（二）技术教育思想实践运用中的跨越式发展

近代技术教育思想在实践上存在局限性，经历了早期的工艺技术教育、实业教育体系在正统学制中确立等阶段，在曲折中向前发展。近代技术教育的实际内容主要包括雇佣外籍技术人员培训和指导中国技术人员、对外文科技书籍进行翻译、以开设专科化洋务学堂作为近代技术教育的实体、派出留学生到国外学习技术作为近代技术教育发展的新途径。

洋务运动时期新式工艺专业技术学堂主要有两类，包括作为我国古代传统的职官学校延伸的外国语学堂和培养专业技术人员的实业学堂。以培养政府外事专业人才为目标的这类外国语专门学校，严格意义上可以看作是古代传统职官学校的延伸。如京师同文馆、上海方言馆、广州同文馆等。而以实业学堂是针对技术工人的培训机构，从各厂招收艺徒，随聘请的洋技工学习识图、制图和计算，以达到在各自所在车间的操作技术水平要求。实业教育（industrial education），这一概念本义为工业教育，在欧美国家早期被称为技术教育，但由于清末兴办的近代新式教育主要是仿效日本，故而采用日本惯用的实业教育。各级各类实业教育层次在 1902 年中国教育史上第一个颁布的现代学制"壬寅学制"中确立下来。但实业教育的办学只是分别附设于同级的普通学堂，并无独立之地位及相应之课程设置。虽然在"壬寅学制"中对实业教育体系的重要性认识不够，且只是附设在普通教育之外，但已经承认了实业教育应包容在各级教育之中，其进步意义是明显的。1903 年制定并于1904 年颁布实行的癸卯学制，明确了各级实业教育的培养目标、专业类别等实质性的规定。"癸卯学制"中属于实业教育系统的机构既有普通学校系列的初、中、高等三个层次的实业学堂，还有补习教育性质的实业补习学堂、艺徒学堂以及大学堂附设的实科、培养实业学校师资的实业教员讲习所等。"癸卯学制"与以往的技术教育相比具有很大的进步意义。以往的技术教育侧重于掌握企业生产所需的知识，主要培养目标是为社会企业雇主提供有技能的合格劳动者，技术教育的导向还是偏向于企业行为，而癸卯学制下的实业教育更着眼于国计民生的总体发展。因此由于是政府主导的实业教育，它的专

业也主要是依产业、行业来划分的，其覆盖面相当广。但实业教育考虑个人
对职业的需求不够，与现代意义上以就业为导向的职业教育也有区别。1912
年9月"中华民国"教育部颁布的新学制系统"壬子癸丑学制"，其中仍沿袭
实业教育体系，只是将原来初等、中等实业学堂分别改称为甲、乙两种实业
学校。

以1919年五四运动为标志，中国进入了新民主主义革命时期。在这一历
史背景下，这一时期前后中国出现了新的学校形式，创造了技术教育的新内
容和经验。1917年毛泽东在长沙第一师范创办的工人夜校，1919年李大钊在
北京《晨报》发表的《劳动与教育问题》，都大力呼吁多设劳工补习教育机
关，使劳动人民学习文化、补习技能和修养精神；与此同时，刘少奇等人在
上海沪西纱厂集中地区办劳动补习学校等。中国共产党在1933年10月《中
央文化教育建设大会决议案》中关于《苏维埃学校建设决议案》中提出了关
于苏维埃学校的建立原则，要具有极大的伸缩性并与实际环境相结合，再实
现逐渐统一的目标。设立的苏维埃学校主要有"青年和成年的学校""劳动小
学校""劳动学校和大学专科中间的学校""大学"四类。土地革命时期以毛
泽东同志为核心的中国共产党带领人民群众实事求是，按照当时当地的实际
情况，将马克思主义技术教育思想初步中国化，创造出许多实用性、科学性
很强的职业教育形式。其中在技术教育的教学过程中，课程设置和教学方式
也能根据革命战争和生产建设的实际情况灵活设置。而后来随着抗日战争时
期解放区的不断扩大，教育事业进入发展时期，尤其是以培养专门技术人才
为目标的干部教育、传授学校生产知识技能的群众成人教育都有了创造性的
发展。新中国成立初期各级各类职业技术学校对人才的培养目标不明确，课
程设置的标准不统一，培养的技术人才的水平层次距离国家的要求甚远。对
于此种情况，政务院和教育部曾先后分别出台了《关于整顿和发展中等技术
教育的指示》《师范学校暂行规程（草案）》《中等技术学校暂行实施办法》，
相应规定了学校的培养目标、课程设置、组织机构与编制、教材等方面的规
章制度，以求保持中等技术教育的应有水平。在1978年11月召开的全国技

工培训工作会议，才重新规定了学制和制订了教学计划，颁布了"技工学校工作条例"，使技术教育有了新的起点。1985 年中共中央召开全国教育工作会议，发布了《中共中央关于教育体制改革的决定》（简称《决定》），指出我国社会主义现代化建设急需受过良好技术教育具备技术知识的城乡劳动者，才能保障我国先进的科学技术和先进的设备转化为现实的生产力。针对职业技术教育是我国教育事业最为薄弱的环节这一情况，在《决定》中还指出要注意在加强扩大职业教育训练范围时，同时要配合基础教育，这样才能培养出具有较强适应性、创造性和更新知识能力的现代工人，要求"能够逐步建立起一个从初级到高级、行业配套、结构合理，而且与普通教育相沟通的职业技术教育体系"。1993 年《中国教育改革和发展纲要》规定了"积极发展职业技术教育"和"发展职业技术教育要适应当地经济的发展需要"。1996年 5 月颁布了我国历史上第一部《职业教育法》，这是我国职业教育改革与发展的法律保证。习近平明确了职业教育的战略地位，"是国民教育体系和人力资源开发的重要组成部分"，具有"使广大青年打开通往成功成才大门的重要途径"的重要作用。

中国共产党技术教育实践不是在近代技术教育实践的基础上逐渐发展的，而是结合当前阶段的现实需求在内容和形式上实现跨越式的发展。如中国共产党技术教育实践并没有循序渐进地发展成近代独立的实业教育体系，而是将技术教育体系与普通教育体系相沟通，直接肯定了技术教育体系是国民教育体系的重要组成部分，如 1985 年的《关于教育体制改革的决定》要求"能够逐步建立起一个从初级到高级、行业配套、结构合理，而且与普通教育相沟通的职业技术教育体系"。

第二节　中国共产党技术教育思想的实践意义

马克思的综合技术教育思想强调的是普通文化、科学基础教育与宽技术基础的实践技术训练相结合，正如其教育同生产劳动结合的教育原理也强调理论教育同技术训练的劳动实践相结合。由于信息技术不断融入产业特别是制造业中，劳动者本身的劳动内容也由简单化的劳动自动化和标准化转向宽技术基础的专业创新信息化生产技术为主。劳动内容的改变，便会对劳动者的能力提出新的要求。"技术人才断层问题"便是劳动者能力跟不上现实生产需要的一个体现，具体又在核心技术人才、工程技术人才和技术工人的培养现状中呈现出来。技术教育通过不同的培养目标、传授内容和教学方式等，培养不同类型的技术人才，从而既能满足社会对劳动者能力的新要求，又能实现对社会科学技术的各层次应用和创新。技术已经渗透社会的各个方面，社会的生产已然是技术性的生产，社会的劳动者也是蕴含技术的劳动者，接下来我们以技术教育中如何解决新时代背景下对代表技术人才金字塔自上而下对应的核心技术人才、工程技术人才和技术工人三类技术人才培养过程中的问题及提出解决的方案，从而肯定了中国共产党技术教育思想的实践意义。

一、对培养核心技术人才自主创新能力的实践指导

我国的技术教育发展现状无法适应建设中国特色社会主义事业的需要。一方面与科学技术的进步、社会产业转型升级有关；另一方面我国技术教育存在自身发展的内部原因，与列宁、克鲁普斯卡雅早在 20 世纪初期就提出过的"过早专业化""忽视综合技术教育中的普通教育""追求单一的劳动技巧"等有很大关系。① 本研究从核心技术人才自主创新能力的不足对我国核心技术发展的制约，以及在现实中如何培养诸如世界级科技大师、科技领军人才等核心技术人才，以期提升核心技术自主创造能力进行分析。

（一）核心技术人才自主创新能力的关键作用

无论是地方或是企业，要突破发展的瓶颈和解决矛盾与问题，根本的方

---

① 汪盐 . 综合技术教育思想的产生与发展［J］. 吉林工程技术师范学院学报（教育研究版），2003（8）：17-20.

法在于科技力量的创新。① 核心技术具有时间性，需要积累和沉淀，不断创新才是核心技术的常态，而构建技术创新体系、搭建创新服务平台、实现关键技术的突破、推动中国制造向中国创造转变、中国产品向中国品牌转变②等都需要核心技术人才的支撑。

核心技术往往在一个技术网络体系中，能够决定该技术网络的水平和制造产品的品质，可以分为经验型、实体型和知识型三种类型。现代核心技术既可以为蕴含在技术产品之中的实体型核心技术，也可以表现为技术知识形式的知识型核心技术。由于核心技术可以出现在传统产业技术中，也可以出现在现代产业技术中，可以说是核心技术人才所运用特殊工具创造出技术人工物中最关键和重要的技能方法，以及累积下来的技术知识与技术传统。核心技术从产业发展对产品的影响来看，可以对产业发展产生主导的作用，对形成稳定而优质的产品有关键的影响作用。③ 突破关键的核心技术，创新对其有着重要的引领作用。④ 核心技术特别是涉及敏感领域的高新核心技术的引进存在不可逾越的壁垒，需要通过创新驱动来实现对核心技术的自主制造，从而在竞争与发展中把握主动权。习近平也肯定了核心技术对产业发展的重要性，并提出要以自主创新与核心技术人才的支撑，实现关键技术的重大突破，从而提升我国制造业的先进水平，⑤ 以期早日实现"中国制造2025"的目标。

既然高端技术如此重要，对一个国家而言更是直接决定了国际竞争力的强弱，而核心技术之间的流通存在着严严实实不可逾越的壁垒，要突破核心技术特别是关键核心技术，把握竞争与发展的主动权，为我国的国计民生、

① 中共中央文献研究室. 习近平关于科技创新论述摘编［M］. 北京：中央文献出版社，2016：3.
② 中共中央文献研究室. 习近平关于科技创新论述摘编［M］. 北京：中央文献出版社，2016：4.
③ 吴国林. 产业哲学导论［M］. 北京：人民出版社，2014：201.
④ 中共中央文献研究室. 习近平关于科技创新论述摘编［M］. 北京：中央文献出版社，2016：10.
⑤ 中共中央文献研究室. 习近平关于科技创新论述摘编［M］. 北京：中央文献出版社，2016：38.

国防安全提供有利的技术支撑。① 在存在差距的情况下，为了取得核心技术的优势，争取能够在 2050 年赶上核心技术领域，需要采取"非对称"赶超战略。② 党和国家多次强调自主创新对真正掌握核心技术的重要性，并且要改变以往用其他科技成果来提升自己科技水平的方式。③ 国家提出创新驱动理念同样需要在核心技术的突破中践行，从根本上提升核心技术人才的自主创新能力，从而为科技创新提供人才支撑。习近平也指出自主创新是关键核心技术引进艰难困局的重要立足点，有利于我国真正实现自主型制造。④

技术活动的最高层次是技术发明，技术发明产生巨大的社会效益，往往需要一定的文化底蕴作为支撑。技术的创新是处于系统之中，技术具有文化根植性，核心技术是指要在一个技术体系中能够提高整个技术体系的高度或是融入产品中决定其核心品质的技术。核心技术在技术体系中的地位是最关键、最重要的，一般是在以某种技能、方法和独特的技术知识融入实体型或知识型技术产品中表现出来。核心技术放大到整个产业结构、经济社会效益来看还会表现为稳定、优质、有竞争力的产品。⑤

核心技术非常重要，既在宏观上对社会生产力、生产关系，对国家主权、国际地位有重要影响，又在微观上对企业的竞争力、劳动者等很多方面产生重要的影响。一个国家或地区经济长远而稳定的发展离不开以核心技术作为支撑的产业创新，而解决的根本办法是坚持自主创新。对于核心技术的自主创新很难在一些涉及国家综合实力的产业领域进行引进，对于一些敏感产业，还是需要结合中国的文化特色进行相应的技术积累。而掌握核心技术需要科

---

① 中共中央文献研究室. 习近平关于科技创新论述摘编 [M]. 北京：中央文献出版社，2016：39.
② 中共中央文献研究室. 习近平关于科技创新论述摘编 [M]. 北京：中央文献出版社，2016：41.
③ 中共中央文献研究室. 习近平关于科技创新论述摘编 [M]. 北京：中央文献出版社，2016：46.
④ 中共中央文献研究室. 习近平关于科技创新论述摘编 [M]. 北京：中央文献出版社，2016：50.
⑤ 吴国林. 产业哲学导论 [M]. 北京：人民出版社，2014：201.

研经费、国家科技政策、大量高科技人才等各种因素的协力配合。特别是核心技术人才，是核心技术开发的直接动力和核心要素。核心技术人才是核心人力资源中的一分子，其具备了稀缺性与重要性两个特点，而以创造新装置、新设计或新方法作为标志的核心技术人才大多数称之为发明家。

发明家具有其独特的品质，一般在面对某一个产品时，会通过深入观察提出与别人不同的问题，一般会从技术人工物的结构—功能、技术知识类型、主要作用特征等思路进行分析，运用本身的技术知识基础，完成发明创造创新。美国著名实用主义哲学家、教育家杜威在《我们怎样思维》一书中对人类认识过程给出了一个解决问题的共同模式。① 杜威提出解决问题的模式同样适用于技术认识过程，尤其是发明创新的问题中发明家解决发明创造和实现技术难题的过程。发明创造者的存在历史悠久，关于中国发明家的实际社会角色的历史分析，在著名学者李约瑟的研究中，中国古代社会的发明家分为有地位的学者、平民、半奴隶集团的成员、被奴役的人、下级官吏五大类。② 其实就是两种主要类型，官吏—发明家（officer-inventor）和工匠—发明家（craftsman-inventor）。其中工匠—发明家为主要的技术革新的主体，但社会地位却得不到提升，根源在于蔑视体力劳动的社会传统，而对于包括发明在内的整个技术活动来说无疑是要建立在体力劳动基础之上的。要确立劳动创造的价值，需要确立现代发明体制，既要保留工匠发明中的"传承"和经验自然积累的重要性，又需要看到工匠发明家的创新往往是以大量时间的劳动为基础的，只有在工匠发明体制转型为工程师发明、科学家发明为主的现代发明体制，发明本身才能够持续稳定有效地开展。现代社会的发明家有科学家型的也有企业家型的：科学家式的发明家，通常受过严谨的科学教育、采用较为系统的科学探究方法，从事前沿性、基础型的科学研究，他们的发明往

---

① 杜威. 我们怎样思维·经验与教育［M］. 姜文闵，译. 北京：人民教育出版社，1991：114-117.
② 李约瑟. 中华科学文明史：第4卷［M］. 罗南改，编，上海交通大学科学史系，译. 上海：上海人民出版社，2003：12.

往基于新发现的科学效应或定理，是能带来一系列新的发明集群的原始性技术发明；而企业家式的发明家，他们将技术创造与技术创业结合起来，通常导致新兴产业的出现或原有产业的转型与升级。①

　　发明家作为发明创造的主体，其从事的技术活动要产生巨大的社会效益，需要包括特定的思想基础、社会条件和文化积淀。发明家的直观体验能力的积累和开发，能够直接把握对象事物的本质和各要素之间的有机联系，便于把握和传授一些复杂的技能和诀窍。在古代，发明家的创造性思维往往能够更多去考虑技术活动之外的诸多现象，形成一种有机思想联系，但也会受到某些社会生活方面的条件制约，发明家需要节省人力并精工细作。发明创造者的文化积淀涉及多个领域，更是为创新发明活动提供了背景支撑，加深了直观体验，也体现了技术教育理应重视"文化素养"的培育。技术发明者能够在多领域的文化知识背景下以某种目的对产品进行全新的创造或优化。反之，假如发明家缺乏对文化的积淀是很难有所发明创造的。对于发明家的价值，当只有存在着理论的支撑和存在着参与的技术观察者时，才能使一项发明方案获得"意义"；只有当传统的技术面临重大危机时，才可能产生技术革命。② 发明家的成长和发展规律需要被清晰认识，我国重大技术发明产出者的年龄也正在呈现年轻化的趋势。我们在制定相关科技政策时，要顺应这个趋势，要注重扶持青年工程科技者的研究工作，加大科研经费投入，同时还要引领成熟的工程科技工作者生产出突破性的重大技术成果。③

　　据上文分析，核心技术不管在宏观层面还是微观层面都有着不可取代的重要作用，决定着整个技术体系的核心竞争力。而这种核心竞争力往往掌握在核心技术人才手中，所以营造适合包括发明家在内的核心技术人才成长的环境和激励机制非常必要。我们要充分发挥发明家对核心技术的积极作用，

① 夏保华. 发明家社会英雄形象的确立与演变 [J]. 自然辩证法研究，2012 (8)：69-78.
② 浦根祥. 技术社会史视野中的发明家或工程师：从狄塞尔研制采油机案例谈起 [J]. 自然辩证法研究，1994 (7)：37-42.
③ 杨中楷，林德明，韩爽，等. 重大技术发明产出年龄分布特征研究：基于美国发明家名人堂数据 [J]. 科学学研究，2015 (3)：347-352.

可以重点通过技术教育进行培养，核心技术人才需要通过技术教育贯穿始终，不仅自身的专业技术能力与综合技术素质要不断提高，而且更要潜在的核心技术人才进行帮带培养，使我国的核心人才队伍不断得到优化。具体应该从以下方面入手助力核心技术人才的成长。首先是加强国际、国内的前沿技术学术交流，把握行业内有关的技术研讨、交流信息，能够对核心技术人才有计划地进行周期性的脱产培训，或者同行考察参观交流活动，对本专业领域的前沿信息核心技术人才能够有效把握，并且将自身的专业技术知识应用到技术研究成果之中。其次是聘请有关的专家学者为核心技术人才进行综合性知识的培训，提高综合素质和解决实际问题的能力。最后是在政策上，要从政府或企业层面给予核心技术人才适当的政策倾斜，保障他们的后勤生活，解决其面临的困难，使其能够将全部精力都投入技术问题的创新解决之中去创造出更大的价值。

（二）培养核心技术人才自主创新能力需把握教学中技术知识的流动规律

从上文微观角度分析中国共产党技术教学思想的过程中，我们可知，技术教育教学过程需要契合认识主体的技术认识路径。而技术认识路径是技术知识流动的载体，越对其有清晰的认识，越能够把握技术教学规律，越能够提升技术教育质量和培养出核心技术人才的自主创新能力。

1. 培养核心技术人才要把握技术知识流动的途径模式与影响因素

技术教育旨在满足工业化发展的新需求，为社会培养各级各类技术技能型人才。而随着技术的发展，对各级各类技术人才有了新的要求，再加上技术的变动导致了技术文化、社会模式的变化，从而使得技术教育的形式与内涵也不断发生演变。

要了解技术教育教学过程中技术知识流动的途径模式与影响因素首先需要简单分析技术知识分类形成的演变过程。古代的技术更多的是泛指一切的技能与技艺，主要依靠经验积累而成。

19 世纪以来，随着工业革命的不断深入，技术已不再是主要依靠经验的积累，而是以科学理论为基础来发展，科学化、理论化成为现代技术的最大特征。技术的要素构成，国内外学者从不同的角度提出了不同的看法。国内学者陈昌曙教授指出技术由实体、智能和工艺三个要素组成。① 美国技术哲学家卡尔·米切姆（C. Mitcham）则从功能的角度提出技术的综合概念，提出关于对象、过程、知识和意志四个方面的技术。② 当代技术哲学家、资深工程师文森蒂（Vincenti）特别注重研究工程师在日常的技术活动和技术经验中需要哪些知识，为非一般的技术知识，并不包括所有技术上所要求的知识。文森蒂着重分析了五个航空历史案例，提出了设计知识主要是：基本设计概念（运作原理和常规型构）、标准和规格、理论工具（数学推理，自然法则）、定量数据（描述性和规定性）、实践考虑和设计工具（程序知识）。③ 德国技术哲学家罗波尔（Ropohl）在《技术中的知识类型》一文中指出了工程实践中的技术知识特征，注重从工程师解决实践难题需要哪些知识这一角度切入并提出技术知识五个类型，分别是技术规律、功能规则、结构规则、技术诀窍（technical know-how）和社会—技巧知识（socio-technological understanding）。④ 而分析哲学家德维斯（De Vries）从晶体管与集成电路中硅膜片的局部氧化工艺技术案例出发，将技术知识划分为关于人工物结构的物理性质知识、关于人工客体的意向性的功能性质知识、关于手段—目的知识、关于在功能化与制作方面的行动知识四大类。⑤ 国外学者福克纳（Faulkner）也通过对技术知识分类提出自己的看法，她指出技术知识可以划分为与自然世界、设计实践、

---

① 陈昌曙. 技术哲学引论［M］. 北京：科学出版社，1999：96-101.
② ［美］C. 米切姆. 通过技术思考［M］. 陈凡，朱春燕，译. 沈阳：辽宁人民出版社，2008.
③ Vincenti W. G. What engineers know and how they know it：Analytical studies from aeronautical history［M］. Baltimore：Johns Hopkins University Press，1990.
④ ROPOHL G. Knowledge Types in Technology. International Journal of Technology and Design Education［J］. 1997（7）：65-72.
⑤ VRIES D J M. The Nature of Technological Knowledge：Extending Empirically Informed Studies into What Engineers Know［J］. Techné：Research in Philosophy and Technology，2003（6）：15-17.

研发试验、最终产品、找到新知识五个方面有关的五种技术知识类型。① 国内学者孙昌秋对技术知识的"微观结构"做出了若干层次的分析，认为技术知识可分为知识层、中间层和核心层三个层次。知识层又称"知用"层，即操作使用方法、维修方法等；中间层又称"知奥"层，即设计制造知识；核心层又称"知因层"，即基础科学理论的具体应用、设计公式、实验数据等。② 张斌从马克思主义理论的角度出发在《技术知识论》一书中对技术知识做出了划分，将其划分为关于使用技术产品（工具、设备、机器等）的知识、设计和制造技术产品的知识、设计和制造技术产品的技术理论和方法论，并将处于技术知识核心地位的设计和制造技术产品知识这一类分为基础性技术知识、复合性技术知识、系统性技术知识三大类。③ 国内学者朱葆伟等认为技术知识就是有关技术制品的知识，通过探讨文森蒂、罗波尔、德维斯等人的观点，围绕技术制品而展开提出有关技术知识六个核心范畴的分类。这六个核心分类分别是关于技术制品的物理性知识、技术制品的功能性知识、设计和制造技术制品的知识、操作技术制品的知识、理论工具、社会—技术的理解。④

技术知识流动是一种复杂的认识和物化活动，技术知识在形成与物化的过程中呈现了动态性、可分类性和目的性的基本因素特征，且因素之间对技术知识流动存在着一定的逻辑作用。由于技术知识的动态性，技术的认识模式过程也应当坚持一种动态的知识流观点。美国实用主义技术哲学家 J. C. 皮特论证了工程知识是一种比科学知识更可靠的知识形式。技术知识，特别是工程知识，由于具有目的意向性，本身具备了一个指向任务的起点，而技术

---

① FAULKNER W. Conceptualizing Knowledge Used in Innovation: A Second Look at the Secience-Techology Distinction and Industrial Innovation [J]. Science, Techology and Human, 1994, 19（4）: 425-458.

② 孙昌秋. 技术引进与现代化 [M]. 重庆: 重庆出版社, 1989: 61-64.

③ 张斌. 技术知识论 [M]. 北京: 中国人民大学出版社, 1994: 102-103.

④ 朱葆伟, 赵建军, 高亮华. 技术的哲学追问: 北京技术哲学论坛文萃 [M]. 北京: 中国社会科学出版社, 2012: 176.

知识在人的实践作用下完成这个过程也是动态的，如技术知识的学术交流与讨论、技术知识的转让等。这可以从皮特基于技术认识论的角度提出技术认识的过程模式"决定—转换—评估"（MT 模式）看出。以技术哲学家克罗斯（Kroes）为代表的荷兰团队提出了技术人工物的功能与结构二重性以及技术知识的二重性，并据此提出了结构—功能认识模式。结构知识和功能知识呼应了技术知识的可分类性。除了上述的皮特、克罗斯提出的认识模式之外，还有卡尔·米切姆的技术认识过程模式、邦格的技术研究的周期图式及当代技术认识的一些动态反馈模式等。

上述的技术知识的认识模式无论是基于哪一个角度提出来的，都需要以从事技术活动的人为主体，且依靠一定的技术方法。技术认识模式具有人的目的性和意向性，呼应了技术知识流动的目的性因素。

技术知识的可分类性是技术活动中技术认识过程必然言及的一部分。例如在技术教学过程中通常在真实的技术实践教学环境中用技术人工物的物化过程来呈现技术知识中的不可言传的"默会知识"；"设计知识"在各种技术知识类型中的地位逐渐凸显，而技术教育是技术知识流动的技术实践活动之一，"设计知识"也已成为其核心教学内容之一。我们可知，技术设计知识是文森蒂提出的六大技术分类中的一种，而且是技术设计知识使技术与其他古老的手工艺区分开来。在技术知识认识实践活动的传统教学途径中，也会增加一些新的技术知识类型，如"设计知识"，使其有利于促进技术知识流动的完整性，突破传统"做中学"教学方式中缺乏创新的困境和有利于开启当代技术教育的新进路。

从中国文化背景的技术哲学出发也可以寻得支持技术知识流动的技术认识途径实践方式。如弗劳尔（Flowers）从中国传统技术哲学中"道"的思想出发，对技术教育的教学实践中遇到的难题如何解决进行思考，[①] 提出了技术知识流动的技术认识实践方式。弗劳尔从中国传统技术哲学中"道"的思想

---

① FOWLERS J. Problem Solving in Technology Education：A Taoist perspective ［J］. Journal of Technology Education, 1998, 10 (1)：20-26.

出发，对技术知识流动实践过程中涉及的设计与问题解决的教学实践进行审视，认为技术教学活动应该提供给学生一种整体性的解决技术问题和进行设计的图式与学习经验。由"技"至"道"，不仅需要思考认知，更需要在实际操作活动中不断体悟，逐步趋近。这种体悟认知机制不仅是我国古代技艺发达的关键性因素，也是我们在技术知识的观念和物化两方面的动态传播中自觉把握这种"传道"方式，对实现技术知识的有效流动具有重要的意义。

从以上的分析可知，无论是基于哪种逻辑或规律提出的技术知识认识途径，都需要技术知识具备动态性、目的性和可分类性作为基本因素前提，才能够实现技术知识的观念形成和物化为技术人工物两方面的目标任务。基于以上的技术变迁理论的知识观点，我们在培养技术人才的过程中，要重视实践性学习和教学。技术知识是实现某种技术目的所需的知识，是进行制造、生产的知识，因此掌握技术知识最佳、最有效的途径便是制造过程和工作实践。技术知识以形象思维和工作思维表征这一性质，同样要求在工作实践过程中展开学习。实践性学习对于获得技能的重要性也已经得到了心理学等学科的证实。① 重视学徒制形式在技术知识获得过程中的重要作用，在学徒制模式下，学习者通过与师傅长期合作，耳濡目染获得一些不能用语言表达的知识，这些知识是在不经意的无意识过程中获得的。这对于个人技术水平的提高和技术创新能力的培养具有不可替代的作用。

而随着技术不断变迁，现代工作与其有紧密联系，并且对劳动者有新的劳动能力要求。除了传统要求的对技术技能的熟练操作之外，还需要具备其他一定的解决问题、处理信息等关键能力。而获得这些素质能力不仅需要在技术变迁的视角下对技术知识的分类有一定的认识，而且也要求学习者能够在技术实践的过程中不断体验和内化。技术的本质属性决定了技术教育对技术人才培养路径不同于普通教育的独特性。② 技术教育的发展需要从遵循技

---

① 李敏. 缄默知识理论及其对技术工人培养的启示 [J]. 职业技术教育（教育科学版），2006（34）：13-15.
② 夏建国. 技术教育：一种必须重视的教育类型 [J]. 职教论坛，2011（1）：47-50.

知识流动的作用逻辑来增强培养核心技术人才的自主创新能力、技术变迁过程中技术知识类型的认知来启发技术人才的培养模式和创新学徒制度三个方面来分析现阶段技术教育进一步发展的可能进路，并在技术教育教学上回归和重视技术知识作为技术人才培养的核心基础。

2. 提升核心技术人才自主创新能力需要依赖技术知识流动的实践方式

上文提出技术知识的流动需要经由一定的认识途径模式，这体现在形式多样的技术知识流动实践。对技术知识流动的实践方式进行考察可知其主要体现为技术人工物的制造、学徒制和学校型的技术教育、技术知识的学术交流与讨论、技术知识的转让等。

技术知识流动的一个重要方面就是体现在物化为技术人工物，即经由设计、制造和使用等步骤物化为技术人工物的动态过程。而学徒制技术教育和学校型技术教育都是技术教育基于对认知环境的要求不同划分的形式。技术知识作为技术教育的主要内容，不同的技术教育方式有着不同的技术知识流动形式。学徒制技术教育模式主要是师傅带徒弟式培养工匠的技术教育形态，主要体现在言传身教，涉及的大多数技术知识是无法准确明言的知识，多是以经验形态的技能作为学徒制技术教育中技术知识流动的主要内容。而学校里的技术教育教学内容不仅包括技术原理知识还有技术实践知识。教师或师傅不断加工、整理、表达或转化技术知识，深刻把握技术知识的流动过程，对学生或徒弟进行选择性传递技术知识。技术知识的学术讨论交流和技术知识转让，可以理解为基于狄克逊（Dixon）提出技术知识的流动是关于技术知识的共享与交流，即将技术知识与他人分享，进而使整个组织都理解此技术知识。而技术知识的转让具有黏性，特别是依附于技术主体的核心技术知识不容易在转让对象之间传播。

从以上国内外学者对技术的要素构成分析和对技术知识的分类进行考察，可以看出无论是从哪个角度进行概括，技术要素中都必然会带有包含隐性的因素，技术知识除了显性知识外，也存在着隐性技术知识，隐性技术知识在核心技术知识中尤为重要，对其把握的程度对核心技术人才的创新能力有很大的影响。

隐性技术知识寓于技术实践中对技术人才培养的启示。迈克尔·波兰尼于 1958 年从哲学角度提出了隐性知识的概念，认为未被表达的知识，像我们在做某事的行动中所拥有的知识，是另一种知识，即隐性知识。隐性知识一般无法清晰地表达和有效地转移，而不能明确绝对表达出来的技术知识，一般也称为隐性技术知识或是以实践经验的形式为主的技术知识，一般只能意会或通过不断训练来获得。核心技术知识的传授一般都不是以书本文字的形式出现，正如卡彭特一开始提出的工匠技能一般，以实践经验为主的难言性技术知识是在技术实践中形成的，需要经过不断练习获得技能知识。技术知识具有默会性，也即隐性的技术知识。这种默会性一般体现在不可明言不能清晰表达的技术知识之中，如卡彭特在阐述技术知识类型时提出的描述性法则以及后来罗波尔提出的技术规律。默会技术知识通常被技术专家们启用为知识背景，且默会技术知识通常为技术专家所有，但技术专家在应用这种知识背景时却通常不能知道正在使用默会的技术知识且技术专家占有的技术知识比自己能意识到的要多。这里要强调一点，默会的技术知识要与情境动态结合，这说明了应用默会技术知识的技术行动要依赖于特定的情境，基于此特性，哲学家罗波尔在前人的技术知识分类研究的基础上补充了"社会—技术理解"这一技术知识类型。

隐性知识是技术知识的重要组成部分，对技术知识默会性的充分了解有助于在掌握核心技术知识和在技术教育实践中培养核心技术人才的自主创新能力。上文我们分析了核心技术存在艰难的转移壁垒，这表现在国与国之间的核心技术转移存在困难。英国哲学家波兰尼曾针对德国与匈牙利之间关于制作灯泡核心技术的转移存在壁垒，提出核心技术在国与国之间的转移存在困难。① 究其原因，是技术知识的默会性，包括了难以明确表达和掌握的知识成分，影响了核心技术的转移，而核心技术往往由富有自主创新能力的核心

---

① 迈克尔·波兰尼. 个人知识 [M]. 许泽民，译. 贵阳：贵州人民出版社，2000：78-79.

技术人才所掌握，核心技术人才具有难以模范的技能，可以保存企业的核心竞争力。

核心技术人才的自主创新能力培养，即隐性技术知识的习得往往是在生产实践的过程中，从"做中学"而习得。隐性技术知识既然具有默会性，也就是说不能用语言、图表加以编码，不能通过学校教育进行传递，只能在技术实践中不断形成具有自身个体特征的知识，并在实践中加以运用。故而在生产环节中，技术人才掌握的技术诀窍往往是在生产实践中学到或者意识到的，这种意会越成功越有利于提升生产产品的品质。

在具体的技术实践形式中，学徒制模式得到大多数人肯定是默会知识获得和专家技能形成的重要途径。针对默会知识的不可编码性，波兰尼肯定了师傅教徒弟学徒制对流传无法言传的技艺的重要性。① 在学徒制中，最重要的要素就是观察与模仿，这在不可言传的默会知识转移中起到极其关键的作用。学徒制中的观察与模仿在其他情境中也可以是个人与经验丰富的专家之间的沟通互动从而达到核心技能的形成。②

3. 提升核心技术人才自主创新能力需要把握技术知识流动的内在逻辑规律

技术认识活动的本质属性是实践。上述关于"什么是技术实践"，哲学家们都给出了自己的理解和定义。任何知识都必须经过实践获得。技术认识是一种实践性认识，即具有特定实践目标的认识，而技术任务就是特定的实践目标。③ 技术知识在实践中不断修正，并趋向稳固，推动技术知识的目标性流动。

技术知识流动的目标任务指向技术知识的物化或应用，也属于以技术人工物为实践对象的人类行为。技术实践主体是人，具有意识有思维目标的人，

① 迈克尔·波兰尼. 个人知识 [M].许泽民，译. 贵阳：贵州人民出版社，2000：78-79.
② 李敏. 缄默知识理论及其对技术工人培养的启示 [J]. 职业技术教育（教育科学版），2006（34）：13-15.
③ 肖峰. 技术认识过程的社会建构 [J].自然辩证法研究，2003（2）：90-92.

所以技术知识流动活动也是基于目的性因素的主观能动的创造性活动。技术知识可否通过语言、图片等形式表达出来分为明言知识和隐性知识。其中隐性知识的目的性和动态性又定向了技术核心问题，同时也促进了明言知识的传播与流动。也有学者指出（如日本学者野中）技术知识的流动需要基于技术知识的可分类性，能使隐性知识与明言知识相互转换，达到知识的有效流动。但现实技术实践活动中，拥有隐性技术知识的技术主体很难做到主动传播技术知识，主要是因为隐性技术知识往往是核心技术知识所在，且无法通过语言或图片等形式直接表达出来，而多是蕴含在技术主体的技术经验之中，需要通过自身的实践去体悟而获得。如匠人或技术工作者的技术诀窍知识是无法直接传授给学徒的，技术诀窍的有效流动还需要经过徒弟自身的不断技术实践和体悟才能实现，最终掌握相应的技术。美国著名哲学家杜威基于对"一般知识"的讨论，提出认识不是传统认识论中所认为的旁观者认识论而是认识者也参与其中的过程。认识者参与认识的过程可以体现在杜威提出的"问题解决过程"的五个阶段，要求技术知识具有情境性，也就是说知识的获得需要认识者在认知环境中不断去发现知识。对于技术知识亦然，也是需要技术主体在技术知识流动过程中不断练习重演发现的过程，技术主体自身融入技术学习的过程并建构知识才是一种实践性知识。技术认识实践过程具有其特殊的认识规律和认识逻辑，且存在多种认识模式。

技术知识根据其可分类性划分为不同类型，不同的技术知识对其有效流动有着不同的影响。而在不同的技术认识途径中，揭示了不同的技术知识流动过程的动态发展规律。但总的来说，技术知识流动是以人为主体，基于技术知识的动态性、可分类性和目的性，在技术实践活动中经一定的技术知识流动途径，以一定的内在逻辑呈现出来的。在技术知识流动因素作用逻辑中，技术知识流动（Technological Knowledge Flow，TKF）在技术实践（Practice）活动中，经由一定的技术认识途径（Approach，A）在技术知识的动态性（Dynamic）、可分类性（Classifiable）和目的性（Finality）三个基本因素的逻辑作用下，共同促进了技术知识的有效流动。

　　由上文对技术知识流动实践的考察可知其具体形式多样，但技术知识流动在现实的技术实践活动中最常见于技术教育的教学活动中，如英国的技术教育教学活动，以拆装技术人工物、组装技术人工物、设计简单技术人工物等技术知识认识模式为主。技术认识模式与技术主体的行动体现相联系，以技术问题为引导，以技术人工物为对象，运用各种类型的技术知识（如基本设计知识、技术规则、技术规律和社会—技巧知识等），完成技术人工物的改进和制作。当前实现技术知识两方面流动的认识途径最广的形式之一是技术教育活动，而我国的技术教学活动在很多情况下还是采用传统的技术知识教学方法，[①] 其中最突出的问题之一是理论知识与实践教学相脱离，这个问题阻断技术知识流动的实践认知模式，不利于技术知识的有效流动。改进技术教学模式能有效促进技术知识的流动，基于技术实践活动，做到情境化教学，让学生在设计、改造或制作技术人工物的经验过程中感受、体悟并习得各类技术知识，从而完成技术知识的观念形态及物化为人工物的两方面动态流动。

二、对摆脱工程技术人才工程伦理困境的实践指导

　　我国颁布实行的《国家中长期教育改革和发展规划纲要（2010—2020年）》提出了"卓越工程师教育的培养计划"，是一项培养一批创新能力强、能适应整个经济社会发展的高质量各类型工程技术人才的重大改革计划。培养高质量的工程技术人才对于实现我国创新驱动、建设创新型国家等都有十分重要的意义。

　　（一）我国工程技术人才的知识、素质理论结构培养现状分析

　　2013 年习近平在中国科学院考察工作时的讲话中指出规模庞大的我国科技队伍中存在水平与结构的不足，工程技术人才作为科技队伍中的中坚力量，在培养工程技术人才的过程中存在生产与创新实践相脱节的问题，存在工程伦理责任教育不足等问题。

---

　　①　徐宏伟，庞学光. 技术认识论视域下的职业教育发展 [J]. 教育发展研究，2014：1-5.

随着我国不断推进产业转型升级，工程技术人才践行的工程实践需要不断渗透人文关怀、工程伦理责任的因素，都对工程观和工程人才提出新的要求，而以工程技术为主要内容的技术教育也可称为工程教育，工程教育面对社会提出的新要求，也需要当代的工程观引领其改革，优化大批的潜在工程师（工科大学生）的知识能力和素质理论结构。① 现代工程师对知识结构要求更加宽泛和全面，最基本的是基础专业学科知识、技术知识、其他相关跨学科知识和普通文化知识等。近些年我国的工程教育不断呼吁要加强工程伦理人文教育，引导学生进行工程哲学思考，使工程实践活动能够渗入更多的文化底蕴和人文关怀精神。

工程一般是指工程实践主体利用自然界的物质、能源和信息去创造人工物的过程，这个过程是由研发、规划、设计、制造、运行、维护等环节构成的复杂工程链。一个工程链涉及的环节很多，极其复杂，要完成整个实施过程，对工程师的能力结构要求自然是多方面的，其中应该包括信息的获取能力、工程设计规划能力、工程制造实施能力、工程运行维护能力等。而工程师获得具备这些能力的途径是依靠大学期间工科专业学习实践训练与工作后的实践锻炼逐渐形成。

国外的工程教育模式也对工程师的知识结构有了一些较为清晰的表述，例如 CDIO（conceive、design、implement、operate）的提出，阐明了"构思、设计、实施和运行"作为工业产品或工程项目的构成要素，② 并在美国、瑞典等国家成为培养工科学生工程能力的载体。技术的发展进步对工程实践至关重要，工程师是工程技术的重要实践主体，工程活动整个环节的成功实施离不开工程师的专业技术能力对技术难题的解决，以及对各项工程活动中主体关系处理的能力。工程师除了具备专业技能和应用技巧之外，相对于其他科技人员，工程师在工程伦理责任方面有一些特点，如工程师关注自然界之

---

① 王章豹，石芳娟. 从工程哲学视角看未来工程师的素质：兼谈工科大学生大工程素质的培养 [J]. 自然辩证法研究，2008（7）：63-68.
② 林健. 工程师的分类与工程人才培养 [J]. 清华大学教育研究，2010（1）：51-60.

外的人工物，这很容易使得工程师养成重科学技术而轻人文素养的习惯。① 一位卓越的工程师，要对各种社会关系的"人"有较为深刻而广泛的关注和了解，才能更好地将人文关怀融入工程技术活动之中。另外，科学素养的提升包括对一些物理、化学、生命等科学知识的进一步了解，有助于增强创新思维。

从国际上看，对工程师的培养一般是把工程技术教育与社会人文学科教育相结合，其中培养综合能力型的工程技术人才。如德国在培养较高水平的专业技术人才时，就通过学校的专业理论文化教育和企业的生产实践学习结合起来进行培养。② 我国高素质的工程技术人才的培养需要提高相关工程技术教育来实现。③ 2010 年我国提出了"卓越工程师培养计划（2010—2020）"，其目的是对高等工程教育进行大规模的改革，培养大批满足社会经济发展需要的各类工程技术人才，支撑我国实现建设中国特色的工业化道路。目前我国的工程师培养，特别是在高等工程教育中存在人才培养模式缺乏多样性和适应性，教育过程中出现工程与实践脱节，评价体系的导向不科学合理，不重视设计实践环节，而且在"双创"教育中明显重视和投入不足，企业、学校、政府之间的合作不到位等弊端。④ 而反观国外的一些工程师相关的机构组织都对工程师的资格提出了明确的要求，而我国的高等工程教育存在标准不清晰的问题，其培养目标常常与其他类别层次的教育目标相混淆，没有意识到工程技术教育的特殊性。在工程实践中必然会对工科类学生有着特别的要求，但是这一点长期被忽视，导致最重要的工程伦理责任教育被弱化，工程师伦理规范没有得到相关知识的支撑。另外结合我国正处于建设创新型国家、

①　李昊. 工程师承担伦理责任的困境及对策研究［D］. 西安：陕西科技大学，2015.
②　李德才，王俊. 关于培养"卓越工程师"的几点认识［J］. 研究生教育研究，2011（3）：53-57.
③　杨胡凤，张羽. 工程师所受高等教育的质量对其职业发展的影响研究［J］. 高等工程教育研究，2015（5）：8-14.
④　张智钧. 试析高等学校卓越工程师的培养模式［J］. 黑龙江高教研究，2010（12）：139-141.

实施"中国制造 2025"的阶段，实现从制造大国向制造强国转变的重要阶段，高等工程教育的改革，工程师的伦理责任教育的培养更是迫在眉睫。①

我国的工科院校是培养工程师的摇篮，在新中国成立以来已进行过两次大调整。第一次调整是新中国成立初期，由原来国民党统治时期的英美教育体系转向了苏联模式，在全国范围内进行了院系调整。当时国内建立了一系列专业化很强的学校，其中工科的教育占有很大的比重，而且以培养实用人才作为明确目标。因此，新中国成立初期的工科院校在学苏联模式的基础上，为基本满足国家的社会主义工程建设的需要输送了许多建设人才，成了真正培养工程师的摇篮。但同时也存在一些根本问题，比如专业学科划分太过细化单一。第二次调整是在教育界认识到计划经济时代中学习苏联模式的弊端，尤其是其中专业划分太细不利于学科交叉和综合型人才的成长，因此在院校结构中沿着向多学科发展、将原来单一学科进行整合拓宽的方向调整。直到 20 世纪末至 21 世纪初，诸多院校开始了跨越地域和学科的合并，从整体上形成了目前以多科性和综合性大学为主体的高等教育新局面。

传统的大学工科学科教育在课程设计上主要是以"学科"为中心，即以学科知识发展为中心的教育目的指向和基于严密学科逻辑体系的课程组织方式指向，奉行从严密的工程学科系统性出发来组织以专业课程为主的工程教育课程体系和内容。但我国的工程师教育中对于课程设计上仍然在国际上存在"技术上狭窄"（technically narrow）和"仅局限于技术上"（narrowly technical）两个课程设计观的问题。这两个问题导致了专业知识的狭隘性，稍微偏离学科就不懂其他知识，且培养出来的大量工科学生缺乏工程人文修养，特别是对工程伦理责任问题的认识不足。显然，这些是与当前社会要求宽技术基础不相适应的。另外，工程教育还存在对学生动手实践训练能力重视不足的状况。学校的实践教育理念，还是要回归到工程训练和实践教学上来。

---

① 李锋亮，李曼丽. 专业知识与工程师的过度教育［J］. 高等工程教育研究，2011（4）：
53-57.

（二）工程技术人才素质不足与工程伦理教育的困境

1. 工程技术教育对摆脱工程伦理困境的重要性

工程技术人才的基本素质和要求与工程技术实践活动有着紧密的关系，随着科学技术的进步，工程技术实践活动对工程技术人才的基本素质提出了新的要求，而工程师的素质并不能满足其要求。工程技术人才知识能力结构都不太合理，缺乏宽专结合和创新能力，特别是工程伦理观念缺乏，对现实世界的理解不够深切，这些都反映了工程技术人才培养存在薄弱之处。

我国工程师的素质满足不了现实工程技术实践活动有很多方面的原因，工程技术教育存在许多不足之处是其中重要的原因之一。造成我国工程师素质下降的原因是多方面的，既有历史的因素，又有现实的原因，但主要问题还是出在工程教育上。我国工程技术教育中长期存在缺乏以人为本的文化素养的培育和能力的培养现象，在工程技术实践中要协调好与周围其他因素（例如环境、文化等）的关系。回顾我国的工程技术教育模式在于以"专业技术型"和"研究导向型"为主，已经不能完全适应工程技术实践活动需要综合化考量的特点，需要构建新的工程技术人才培养体系。①

另外，从改革高等技术人才教育模式来看，工程技术人才的整体素质和实践能力也亟待调整提高以满足经济与科技的发展。为满足对工程师教育的再次要求，教育部在《国家中长期教育改革和发展规划纲要（2010—2020年）》和《国家中长期人才发展规划纲要（2010—2020年）》中制定了培养卓越工程技术人才创新计划，旨在为实现国家创新驱动、社会经济转型升级发展提供技术人才支撑。工程技术教育在培养新型的工程技术人才过程中，要以全面发展的人才观、重视工程伦理的教育，培育未来工程技术人才的责任意识和工程技术创新意识。

---

① 王章豹，石芳娟. 从工程哲学视角看未来工程师的素质：兼谈工科大学生大工程素质的培养［J］. 自然辩证法研究，2008（7）：63-68.

2. 我国工程技术人才的工程伦理教育困境的演化

工程技术人才的伦理责任随着社会各种因素的变化以及科学技术本身的发展也发生了多次变化，责任观念不断发生转向，从普遍责任、社会责任再到自然责任的观念转变。①

随着科学技术的进步，工程活动产物（人工自然物）的复杂程度也随之增加，因此，现代的工程活动一般都应该被当作复杂的系统来对待，它涉及科学、技术还有其他工程与工程自身有关的诸多因素。由于工程活动是一个复杂的整体，自然与社会、环境都有着千丝万缕的关系。而这种复杂活动的主体就是工程师，所以工程师在进行工程实践活动时，不能单从技术或者其他某个角度考虑工程问题，而应该从工程活动所处的环境系统出发来从事工程实践活动。由于技术集事实、价值、知识与目的为一体，具有目的与价值的特性，那么自然技术活动就内在地蕴含着价值风险，在整个技术实践活动中就存在着道德伦理偏向的问题。工程技术实践过程是将技术的目的价值取向、社会文化价值取向和整个工程牵涉到的各权力利益方互动的结果，体现了"技术与伦理"的实践关系。② 大至整个工程技术实践活动，小至某个产品的生命周期始末，都显现了伦理道德问题，例如，产品在生命周期的设计阶段，就会对工程技术人员提出关于设计中产品是否有用、是否安全、有无侵犯其他专利等伦理问题。当在工程实践活动中遇到工程伦理困境时，如何做出抉择，才能摆脱困境，并维护基本的工程伦理活动？正如德国技术哲学家拉普在《技术哲学导论》一书中所提到的，工程师具有专业技术能力，负有对某些特定技术指出其产生的消极影响的特殊的责任。③ 中国科学院李伯聪教授提出在整个工程技术活动中及其他相关要素中都弥漫着伦理因素，而有着高度负责正向的伦理道德精神往往能促进好的工程活动产生，而道德败坏

① 龙翔. 工程师伦理责任的历史演进 [J]. 自然辩证法研究，2006（12）：64-68.

② 龙翔，陈凡. 谈谈工程师的伦理道德问题 [J]. 科学技术与辩证法，2007（1）：63-67.

③ F. 拉普. 技术哲学导论 [M]. 刘武，等译. 长春：吉林人民出版社，1988：33.

的伦理精神却散发存在于问题工程之中。①

如果工程师在工程实践活动中伦理道德准则受到挑战，面对工程技术实践活动涉及雇主所要求的保密忠诚度与人民群众的健康安全利益相冲突而需要做出抉择时，工程技术伦理困境便由此产生。但是只有以公众利益为第一位，才能保证在工程繁多的今天，确保人民群众的生命财产安全和生活幸福。② 面对工程伦理困境，工程师如何做出抉择？从工程技术人才的伦理行为的根源分析，法国著名伦理学家爱弥尔·涂尔干认为任何社会活动形式的存在前提都在于有相应的道德纪律，而且无论什么职业活动都必须要有自己的伦理。③ 而如果依据国家职业技能标准的基本要求，就可以从职业道德和专业技能来分析工程师的职业道德规范。一方面，工程师的职业道德伦理可以看作个人的一种自我道德管理，并非来自外部的强制性行为。另一方面，工程师由于具有专业的理论与实践知识，对公众和工人都具有一定的责任，对公众需要突破工程伦理困境为其谋得利益，对工人要对其进行技术指导、操作与管理。即使现代的技术工人是综合型人才，具备丰富的技术知识、生产经验，又能研发与创新，但是在整个工程技术实践活动中，相对于具有专业技术理论与实践知识的工程师来说，也还是处于受管理与支配的一方。

江泽民同志在 2000 年国际工程科技大会的讲话中充分肯定了工程师在产业发展中的积极作用，因为工程科技既是科学与产业之间的纽带又是产业经济社会发展进步的杠杆，而工程师在其中是作为重要的创造者而存在，其重要性不言而喻。而对于工程师的伦理责任素质作为卓越工程师的三类主要的素质要求之一，需要通过整个教育体系来完成，不同于工程技术实践能力与综合知识整体性思维方式的培养教育，需要靠大学教育、继续教育与技术培

---

① 李伯聪．工程与伦理的互渗与对话：再谈关于工程伦理学的若干问题 [J]．华中科技大学学报（社会科学版），2006（4）：71-75．

② 徐海波，程新宇．论工程师的伦理困惑及其选择 [J]．自然辩证法研究，2008（8）：52-56．

③ 爱弥尔·涂尔干．职业伦理与公民道德 [M]．渠东，译．上海：上海人民出版社，2001：17．

训强化综合起来的完整教育体系来进行。而在现实的工程伦理教育中，存在教育重视不足的问题，正如大连理工大学王前教授所认为的，目前我国的理工科学生在接受伦理教育时大都局限在较为宽泛没有专业针对性的思想政治教育层面，未能直接确切地深入剖析本专业的伦理问题，这也导致了理工科学生对本专业的伦理道德问题意识极为薄弱，对日后的实际工作也会产生更多的工程伦理困境。

我们从上文提到的中国化马克思主义技术人才思想中，也可以看出随着社会经济技术的发展，技术人才的培养目标存在不断演变的过程。工程技术人才的培养目标自然也不例外，也存在一个演变的过程。早在 1954 年我国的工科院校 4 年制的本科就是以工程师为培养目标，工科院校的培养目标也从"社会主义建设的专门人才，在学业上完成工程师的基本训练"到"适应社会主义建设需要的，德智体美全面发展的，获得工程师的基本训练的高级工程技术人才"等的变化，其中都难以看到对工程伦理责任的凸显，强调的更多是对专业技能知识的重视。[1] 培养工程师，不能只有知识的传授，还要给以足够的技能"训练"，如此才能使学生毕业后具有一定的职业判断能力。然而工程技术的不断发展，工程技术活动实践日益复杂化，工程技术人才如果还只是停留在单单强调业务能力、理论知识的传授，那么将不再轻易能够处理工程实践活动中的工程伦理困局。教育上，它要求人文教育与科学教育并重，两种教育必然要走向融合。知识经济要求的人才必须是人文素质与科学素质相结合的人才。[2] 换句话说，只有将人文素质与科学素质进行结合培养，才能使工程技术人才在日益复杂的工程活动实践中面对伦理困境，能够对相关利益者做出取舍并合理回应。

江泽民同志指出科技伦理问题在 21 世纪越发突出，科学技术进步的宗旨是要为全人类、世界的和平发展与进步服务，不能反而危及人自身。[3] 长期以

① 谷韶华. 我国高等工程教育目标的认知 [D]. 长沙：中南大学，2012.
② 刘献君. 知识经济呼唤人文教育与科学教育的融合 [J]. 高等教育研究，1999（2）：13
③ 江泽民. 论科学技术 [M]. 北京：中央文献出版社，2001：217.

来，在培养工程师的教育中盛行的是一种唯知识、唯技术、唯能力的教育，对工程师的个人品质发展重视不够，学校教育变成了用教材装满学生的头脑，完全不关心学生的判断能力以及德性和良心如何。① 由此可见，工程技术人才一方面，要能够胜任其承担的工作，并在各个方面包括业绩表现、创造力等都达到一定的水准，从而区别于技术工人；另一方面，还要在职业道德方面能够满足一定的要求，带有工程伦理的规约服务于人民群众。

工程师是区别于仅仅具有实际操作技能的工匠或工人的，这是两个不同的职业并且处在不同的技术层级。工程师的工程技术教育中混合了以规则为基础的知识和特定的专业知识，授予了附属于工程学科学的包括数学、自然科学的综合课程。工程技术教育中所具有的这种广泛的融合性，构成了单个工程师的工程技术能力。而工程师并不能满足于此，需要习得关于科学、数学、人文、管理与商业知识来加强工程师的社会地位。而且大公司比小公司更加充分利用专业化的工程师。将工程师看作综合性活动从业者的观念表明，单独的综合技术交叉学科是教育的主导模式。1991年卡斯滕·雅各布森（Karsten Jacobsen）提出未来的工程学将成形于技术和人类忧虑间的紧张关系：知道某种原则不再足够；未来的技术人员要进入一个完全不同的竞争环境，具有比以前更普遍的价值基础和观念，以及在实践中面对可能带来的后果的能力、意志和锻炼，从更为广泛的角度即整体观念来看行为，甚至涉及东技术学、生物学、人类学和经济学等。② 但是即使如此，有一点关于工程技术所拥有的核心知识无论价值基础如何综合化，也很难改变。工程师必须拥有专业性很强的工程知识（例如设计知识），而工程技术员主要只拥有基本技术综合技能。针对工程师具备的工程知识，其中最重要的一项便是设计知识，设计知识活动自然也成了工程活动中的关键性一环。而且从科学的观点与工

---

① 池田大作，狄尔鲍拉夫. 走向21世纪的人与人之间哲学：寻求新的人性 [M]. 宋成有，李国良，刘文柱，等译. 北京：北京大学出版社，1992：227.

② 安东尼·梅杰斯主编. 爱思唯尔科学哲学手册·技术与工程科学哲学 [M]. 张培富，等译. 北京：北京师范大学出版社，2015：115-118.

程的观点相区别来看，以设计知识为主的工程设计活动却呈现出极大的不同价值。正如著名哲学家莱顿说："从现代科学的观点看，设计什么也不是；可是，从工程的观点看，设计就是一切。"① 雅各布森提出的未来工程学的挑战的应对之策，并不是要寻求新的知识类型，不是要获得新的知识，而是要改革学生的教育，而且改革必须注重灌输新的德行。这种所倡导的新德行包括更为广阔的工程学视野以及对工程师工作造成的社会和环境影响的更高敏感度。②

工程伦理困境无论如何演变都离不开相关利益的取舍，正如任何事物都具有二重性一样，责任情感对工程师的作用未必就是积极的。过度的责任情感会导致一种无为主义或保守主义，③ 甚至会毁掉一个工程。所以，对工程师责任情感的培养，需要用正确的价值取向去引导，避免责任情感失去了方向。

3. 我国工程技术人才的培养需要在技术教育中重视伦理责任教育

当涉及世界范围的工程学教育标准的设置时，总部设在美国的工程技术认证委员会（ABET）的重要地位就得以突显。它们的标准目录确实强调团队合作——带或不带前缀"多学科的"——社会科学往往以间接的和非精确的方式被提及，如在提到学生需要获得"一种更广阔的视野"，对工程学工作受社会、经济和政治制约的理解，以及对社会责任重要性的认识。

在探讨我国工程师伦理责任教育的问题之前，有必要先看看高等工程教育以及工程师队伍整体状况。自 20 世纪 80 年代以来，我国高等工程教育得到了长足的发展，虽然我国高等工程教育的培养规模上去了，但我们培养工程师的质量并没有跟上去。关于这一点，中国工程院院士朱高峰在中国高等教育学会工程教育专业委员会的讲话中指出我国工程师在造物过程中成本很

---

① BEDER S. The New Engineer ［M］. South Yarra：Macmillan Education Australia PTY Ltd，1998：41.

② 安东尼·梅杰斯. 爱思唯尔科学哲学手册·技术与工程科学哲学［M］. 张培富，等译. 北京：北京师范大学出版社，2015：115-118.

③ 卡尔·米切姆. 技术哲学概论［M］. 殷登祥，曹南燕，译. 天津：天津科学技术出版社，1999：96-102.

大，特别是能耗、物耗高，浪费和污染现象严重，劳动生产率低，产品质量差。这些状况都充分说明了我们高等工程教育培养的工程师质量不高。

对于工科大学生及研究生的素质培养，虽然在政府部门特别是国家教育主管部门都一直在强调，但是在出台的一系列政策方针文件中涉及关于工程师伦理教育的甚少，而且较为宽泛缺乏针对性。具体表现在：首先是教育政策中关于学生伦理责任素质的规定缺乏明确性，1991 年 1 月 1 日实施的《中华人民共和国高等教育法》是我国高等教育领域最有影响力的一部法律。但是其中却很少对学生的工程伦理责任教育进行方针指导，而且这些规定很不确切，也没有相关的解释，文本出台规定大学生的伦理责任教育标准和方向。科技教育实践中，也存在不少对工程伦理欠缺培养的内容。各级学校往往比较重视科学技术知识的教授，忽视了学生科学技术观念、科学技术与社会的关系、对环境和生态以及伦理道德的意识的培养，所有这些问题都导致了培养出来的工程技术人才在工程实践中的工程伦理敏感度不足。其次是教学方法的"不适切"性，我国工程教育长期以来，对科学的重视多于工程，导致对工程技术人才的培养还是大多按照科学教育的方法进行，这在教育过程中出现了不适应性，特别是对工程伦理责任教育的忽视。忽视的关键点主要在两个方面：一方面是没有考虑工程伦理责任教育重在促使潜在的工程技术人才意识到工程伦理责任的获得需要内化；另一方面是没有从实践中去帮助潜在的工程技术人才提升工程伦理责任的敏感度。而为了摆脱这些困境，有些工科类院校会采用一些案例教学、情景模拟等方法。对于运用一些诸如案例教学之类的方法，所使用的案例外来引进的多，本土的少，尤其适合自己教学编写的案例更少。也就是说我们选取的案例很少考虑案例在教学上的适切性、有用性、客观性、理论性，案例能涵盖工程伦理选择与分析上的普遍性问题等要素的综合性。如果学校在培养计划里既没有必修课的设置也没有开设公选课或开设了公选课却未对公选课的选择做任何的限定，具体到工程师伦理责任教育微观层面——学生，在有限的学习途径中，再加上学生本身思想上对专业伦理学习不重视，或者教师讲课效果不好，没有吸引力，那么学生接受教育的效果就很不理想。这意味着学生对工程中存在的伦理问题、工程师的伦理责任是什么、工程师应当承担怎样的伦理责任以及怎样承担伦理责任等问题不甚了解。

针对我国工程师存在的工程伦理责任教育不足的现状，究其原因是系统性的，不是单方面的。这种系统性原因我们可以从国家层面上所涉及的关于工程伦理教育政策指导方针不明确不彻底、工科院校层面上学校在认识与实践中存在的偏差与引导缺失、在潜在工程师层面上对专业的伦理敏感度不够，在面对工程伦理困境做出选择时呈现出两极分化的情况。故而，我们要培养具有伦理责任素质的工程师队伍，需要国家、学校和潜在工程师三个方面一起成为共同主体，从而构建一个科学有效的工程师伦理责任教育制度体系。而构建该体系的内容应该呼应体系的三大主体，分别从宏观的制度支持、中观的学校实行教育长效机制到微观的学生实现伦理责任内化三个层次。在宏观层面上需要形成一个有力的制度支撑，这个制度支持系统需要由指导评估制度、一些工程社团伦理章程还有企业伦理责任制度组成。中观层面上来看工程伦理教育的长效机制离不开创新教育方法也离不开"双师型"的教师培养制度，同时要将工科学生的专业可能涉及的伦理问题教育纳入考核体系中。微观层面要求学生要能够积极内化工程伦理责任的内容，并且不断提升伦理道德自觉意识和能力，不断践行工程师的伦理责任。[1]

而建立工程师伦理责任教育制度，首先，需要从国家层面的工程师伦理责任教育指导制度建立开始，国家层面的工程师伦理责任教育指导制度主要是应对科学技术发展和国际工程教育发展以及工程实践对人才素质要求所提出的挑战，在统筹规划和发展我国工程教育时适时地对工程师伦理责任素质的培养指明方向和明确任务，以便为我们培养既立足我国实际又能与国际接轨的高素质的工程师提供政策性指导。其次，工程社团伦理章程制度是承接国家层面的宏观工程师伦理责任教育制度，同时连接微观（企业伦理责任制

---

[1] 何放勋. 工程师伦理责任教育研究 [D]. 武汉：华中科技大学，2008.

度）的中观性质，其作用不言而喻。我国的工程社团发展至今已有五个之多，涉及的领域包括土木、机械、计算机、化学等行业。虽然每个工程社团都制定了自身的章程，然而却没有属于自己单独的伦理章程。而且我国的工程社团无论是对其成员还是对行业乃至社会，其权威性和影响力都非常有限。因为我们学会的功能只有会务功能，也就是主要是组织会员进行学术交流等活动。然而在香港工程师学会会长周明权看来专业学会应该还有第二个功能，而且是很重要的功能，那就是"资格审查"。再次，建立和健全企业伦理责任制度，作为微观性质的企业伦理责任制度表面上看似乎与工程师的伦理责任教育联系不大，可实际上它直接与学生（工程师）发生联系，施加影响。一方面，学生毕业要进入企业，健全的企业伦理责任制度对学生的行为能够起到规范的作用。邓小平同志曾说过："制度好可以使坏人无法任意横行，制度不好可以使好人无法充分做好事，甚至走向反面。"① 工程师的伦理责任教育虽然需要各方面的支持，但最终起到关键直接作用的还是高等学校。高校既能够结合技术哲学和工程哲学的指导对工科类学生授予工程专业技术知识，又能够将工程伦理责任内化于工科类学生的日常培养过程中，增强工科类学生在工程实践活动中对工程伦理问题的敏感度。在工程技术教学实践中将工程师伦理责任意识与工程类专业的特点相结合，使学生既能在课程中又能够从工程实践中不断内化工程伦理责任。在课程中教授工程伦理责任教育，可以通过两个方面进行：一是结合人文、社会科学课程开展工程师伦理责任教育，而在培养工程师的大学阶段开设人文、社会科学课程，这是由高等教育的基本性质决定的；二是结合专业课程开展工程师伦理责任教育，专业教师结合专业课程主要是以融入渗透的方式，即把工程伦理规范、工程伦理精神渗透到专业课程的教学中，与专业知识结合起来传授给学生。另外还可以结合实践（实习、设计、创造与合作）开展工程师伦理责任教育，结合特定事件开展工程师伦理责任教育，运用学生所学专业领域出现的特定事件或毕业

---

① 邓小平. 邓小平文选：第 2 卷 [M]. 北京：人民出版社，1994：333.

生所遭遇的特定事件开展工程师伦理责任教育等。而建立"双师型"教师培养制度，工科类专业的培养目标往往定位为工程师，这样的培养目标需要涉及工程理论与工程实践。因此，对工科类大学师资往往会提出理论与实践两方面的要求，满足这两方面要求的教师，也往往可以达到既是教师又是工程师的"双师型"资质，这种"双师型"教师是高等工程教育尤其是应用型工程类专业对师资的具体和严格要求。

三、对培养高素质技术工人与实现"优质制造"的实践指导

2014 年，习近平在河南考察时指出，对我国经济发展的阶段性特征进行正确的认识，要适应经济新常态。同年 11 月，习近平从经济发展速度放缓、经济结构继续优化升级、创新驱动等几个方面概括了当前中国经济呈现新常态的基本特征。随着发达国家实体经济的回归，在经济新常态下要实现转型升级经济结构优化，而完成"中国制造 2025"、加快制造强国建设，都需要大量的高素质劳动者和技能人才做支撑。掌握低端基础技术的技术工人是指接受了一定的技术教育，获得了一定领域的技术技能和技术经验，并在某些职业领域中从事生产前线的操作类劳动的普通劳动者。技术工人数量的不足和素质水平的低下已经成为制约当前我国产业结构转型升级调整中的关键因素，成为我国"技术人才断层问题"的主要方面，即使有好的设备好的设计好的生产线，没有一流的技术工人同样生产不出一流高品质的产品。而针对劳动力市场上的技术工人供应不足本质上是一种伪命题，更多的是一种结构性不足的错位需求。换句话说，我国真正缺乏的是具有高素质的技术工人，而我国大多数技术工人的技术知识与实践能力结构与社会经济的发展和企业的需要相去甚远。随着现代科学技术的快速进步，特别是新工艺技术方法不断更新改进，技术工作岗位的内容也越来越趋向综合性发展，这些都对技术工人提出了具有宽技术基础、掌握现代技术方法、能适应劳动变换和职能更动以及全面流动性的要求。

（一）当前我国技术工人的培养现状

马克思在《资本论》中提到大工业的本性决定了劳动的变换、职能的更动和工人的全面流动性。那么，结合我国这种新的发展条件和要求，对技术工人的培养在工种划分中不能过细，专业技术人才结构需要与经济和社会发展需要相适应。技术工人的技术水平下降会直接影响新工艺、新技术、新产品的运用和开发，影响先进技术设备的使用、保养和检修。①

1. 我国技术工人素质的总体状况无法适应新时期的需要

我国的技术工人总体培养现状不能适应当前产业结构转型升级、实行"中国制造2025"的要求，我们必须要做的是结合中国的具体实际并结合马克思的综合技术教育思想培养适应新时代发展需要的技术工人。

在我国，中等职业教育是培养技术工人最主要的渠道。我国这样一个对劳动力需求量极大，而技术水平相对较低的国家，需要重视发展和改革中等职业教育。但目前我国中等职业教育培养出来的学生总体上缺乏实践能力，在很大程度上造成了技术工人与企业招工之间的供求错位的困境，但现实中许多劳动密集型产业并没有要求技术工人必须经过正规的技术教育和具备较高的技术知识和技能经验，有些甚至没有进行简单的岗位培训。

在生产一线从事劳动工作的技术工人队伍水平非常重要，特别是能掌握核心技术的能工巧匠更是决定了诸多技术问题的解决。例如我国的火箭技术在跻身世界一流之前，也有过不少失败，屡次失败的原因来自发动机的焊点制造问题，这个制造问题最终经一位技术工人的拔尖技能得以解决。又如2016年李克强总理在政府工作报告中提出的"圆珠笔之问"，成了"中国制造业之问"。"圆珠笔之问"背后存在的是我国这样庞大的制笔企业、众多的从业人口、巨大的年产圆珠笔量的制笔大国，却对圆珠笔的核心技术和材料高度依赖对外进口，尤其是圆珠笔笔头的"球珠"这样一个小零件直到2017

---

① 华东师范大学教育科学研究所．技术教育概论［M］．上海：华东师范大学出版社出版，1985：29．

年才实现自主研发和进入生产测试阶段，在此之前还完全依靠进口。① 科学技术进步快速，产业技术和产品的更新换代速度不断加快，在我们生产第一线从事劳动工作的技术工人和掌握核心技术的工人相匹配并完善结构数量，在当今时代的发展过程中越来越要求技术工人具有全面流动性，进入更多的企业工作。②

在新技术新产品不断更新换代的情况下，创新是关键的因素，而关于技术和产品的任何创新成果都需要技术工人通过技术实践将其物化为产品。而长期以来我国的产品特征主要是产品数量的增长、产品创新和质量的提升缓慢，这些问题并没有得到重视，也没有提高对技术工人的要求。而随着我国进入工业化新型发展阶段，要求我们提升产品的质量和技术含量，以应对市场提出的挑战。因此需要培养大量与之相适应的较高技术水平的工人，特别是高级技术工人势在必行。

另外，还存在对"工匠精神"的认识不够的问题，在价值观方面没有对"工匠精神"进行合理的宣传和引导。以手工劳动力高附加值的瑞士钟表业、意大利的皮革业等为例，可以看出其主要的价值点在于对依赖大量顶尖技术工人的精细化作业，促使这些高价值产业经久不衰。而我国对于技术工人缺少系统的培训，一直以求快为主，对"工匠精神"的忽略和对产品质量的不重视，随之也带来诸多培养技术工人的衍生问题。

2. 调整和改革技术工人的培养现状以应对"中国制造 2025"的需求和挑战

近些年来，随着我国产业结构调整与迈向制造强国的迫切需求，对技术工人的技术知识和技能的掌握程度不断提高要求。特别是随着"中国制造2025"的提出，信息技术与传统制造业的融合将会导致产品更新换代加快，对技术工人的需求和要求也会不断提高。《高技能人才培养体系建设"十一

---

① 2017 年 1 月 9 日转发于人民日报文章《搞定！中国终于造出圆珠笔头，有望完全替代进口！》
② 严枫. 对我国技术工人现状的分析及对策 [J]. 技术经济，2005（3）：11-13.

五"规划纲要（2006—2010）》中提到，我国技能劳动者到 2010 年会随着对高级技能劳动者的需求比例提升而呈现出阶梯次的结构发展规模。我们要重视企业在技术工人培养投入机制中的重要作用。企业对员工技术教育的出发点和落脚点在于为企业服务，一般以岗位培训（应急培训和常规培训）和学历教育（继续教育）为主，对于生产第一线的主体工种类别和一些关键特殊岗位要做好转岗或再就业培训的工作，形成技能人才的业务进修和常规培训制度。从企业的角度来看，需要把企业技术教育纳入企业的长远规划中，创新培训方法和技巧，根据不同技术工人所掌握的理论知识和实践操作能力水平设置不同的课程，尽力细化到以单个人为单位的科学培训机制，并依据技术的更新和产品的更替，不断使技术工人接受不同层次的技能训练和以员工素质不断递进作为更新培训内容的依据。另外，企业单位还要鼓励员工自觉获得学习新技术和新知识的能力，为技术工人提供继续接受技术教育和提高自身技术知识和实践技能的机会，从而具备一种终身就业的能力。

新中国成立以来，我国技术工人的主要培养制度在很长一段时间内是以师傅带徒弟的学徒制方式为主。从上文我们提出技术工人的整体素质不高，无法适应我国整个产业结构的调整加快。所以，对于学徒制必须进行改革以建立新型的培养模式，即由企业单位、培养技术工人的正规院校以及一些培训机构采取学校与企业合作的双师带学、工学交替、脱产与半脱产培训相结合的方式共同培养新型学徒，特别对于高级技术工人的培养则采取工学一体化的培养模式。为顺应时代的发展，我们适时提出了大力推广"工匠精神"的价值观，使技术工人在全社会形成了"品质化""精细化"的生产观念。社会上形成的崇尚"工匠精神"、尊重"工匠人"的社会风尚，有利于反过来推进政府有关部门建立科学合理的技术评价考核体系，对于技术能力的评价突出实用性、实效性。

2015 年中央提出的《"十三五"规划建议》中针对产品品牌质量、一线技术劳动者的职业技能训练、企业新型学徒制等方面都有了基本的规划建议。在对外的经济新优势上将"技术、标准、品牌、质量、服务"五个方面作为核心，对于普通技术工人的技能提升也纳入计划之中，并"推行终身职业技能培训制度"，对于技术工人的培养也推行"工学结合、校企合作"的模式，并积极推行企业新型学徒制。同年，国务院印发《中国制造2025》行动计划，对我国从制造大国向制造强国转变提出了清晰的发展路径。而升级产品的品质，其中的重要支撑就是人力资源，就是将新技术、新工艺通过实践物化为产品的直接主体技术工人。2016年李克强总理在政府工作报告中也明确提出有利于保证产品品质的精细化"工匠精神"，从而促进"制造业转型升级"。

(二) 技术工人的素质与"优质制造"有直接关联性

"技术人才断层问题"中关于技术工人的问题可以从技术工人本身的素质与产品的品质之间的关系体现出来。正如有些企业在拥有诸多先进的技术、设备和生产线时，却因为缺乏高级专业技能的技术工人，最终还是无法生产出高质量、高规格的工艺精巧的产品,① 这就是技术人才断层问题的具体方面之一。可以看出，技术工人的技术水平高低，会对工艺、技术及高端设备的开发及运用有直接影响，从而影响技术产品的品质优劣。故而，我国要实现产业结构调整与升级，实现将一流的设计与工艺转化为一流高品质的产品，就需要克服传统制造业中存在大量低素质的技术工人的现状，从而使高素质的技术工人进入工艺转化为产品的中间环节，克服"技术人才断层问题"。

然而随着我国近些年产业升级的不断推进，实体经济生产线中也不断引进了大量的具有高技术含量的生产设备和先进技术工艺，但是这些要转化为产品质量的提升、实现科技成果的转化率，都需要从事技术实践活动的高素质工人来实现。换句话说，新技术工艺的进步，对技术产品品质的要求提高，自然就需要中间实践主体技术工人的素质进一步提升，来实现优质品质的产品生产。而且，往往高素质的技术工人不仅可以利用自己具有的专业生产技能来实现合格优质产品的生产，还会具有一种自主参与企业科研与工艺改进

---

① 严枫. 对我国技术工人现状的分析及对策 [J]. 技术经济, 2005 (3)：11-13.

的意识。

产业转型升级是我国经济发展新常态下的题中之义，必然要对产品质量进行不断升级，以期解决几十年来产品低附加值与劳动力成本不断上升的困局。在上文已经阐明技术工人在技术工艺转化为产品中具有关键的主体作用，那么在提高产品附加值、实现企业转型升级中同样具有关键作用，对于调整产业结构应对行业产能过剩与过度建设的经济问题有着重要的破解之力。

我国的工业化进程要不断向前推进过渡，自然离不开制造业这一关键环节的发展，而制造业的发展又离不开产品质量提升、技术工人素质提高来增强其竞争优势。但是，随着新经济常态下我国的经济增速放缓，劳动力低成本的优势不再，不可能再依靠劳动力的低成本来提升企业的优势，特别是劳动密集型企业的发展更是非常困难。在这样的背景下，提高产品质量就成为提升企业竞争力和实现经济发展方式转变的重要方式。有关学者研究表明，技术工人的素质对吸收转化中间产品中蕴含的先进技术从而提高产品质量具有重要的正向效应。[1] 技术工人的素质层次对产品品质层次有着直接的决定作用，也就是说再先进的科研成果和技术工艺，如果没有技术工人的中间主体的转化环节，就无法转化为高品质的产品，自然无法提升企业竞争力。

现实社会技术工人的培养现状受到技术教育思想理念指导的影响，呈现出高素质技术工人缺口较大的情况。而什么是高素质技术工人呢？既然高素质技术工人对技术产品的质量提升和工艺技术转化如此重要，那么我们首先应该清楚地界定什么是高素质技术工人。高素质技术工人是指既能够具备熟练的专门知识又能够在实践操作中具有精益求精的技能，而且还能够在生产实践过程中解决技术工艺的操作难题的人。而如果从行政部门对技能劳动者的层级划分来看，高素质技术工人是指取得高级技工、高级技术师傅和高级技师的职业资格。高素质技术工人的不足会引起企业产品质量的提升，那么中国产业结构的提升就需要高素质的技术工人的支持，然而目前我国技术工

---

[1] 邓悦，黄诗雅. 技术进步如何影响我国产品质量？：基于劳动倦怠视角的实证研究 [J].
宏观质量研究，2016（2）：1-16.

人无论从数量还是素质上都不能满足中国产业升级的现实需要。技术工人的支撑弱化，就会导致技术工艺的转化率低下。形成的技术工人素质与数量跟不上的瓶颈问题在短时间内要得到解决，需要在中国化马克思主义技术教育思想的指导下，以技术教学思想中关于技术知识流动的规律、技术知识的分类规律的把握对技术工人的知识与能力结构进行培养改善优化，这样才能缩小技术工人由于技术知识与技术能力不足造成的与经济发展的差距。而随着现代科学技术的发展进步，许多老旧效率低下的技术工艺知识方法不断被淘汰，新的技术工艺知识的出现而且大量应用在生产与生活领域，技术也逐渐向宽技术领域发展，新职业工种的不断出现也催生了宽职业域的出现。即使没有新工种的出现，在传统各行各业里也会逐渐应用新的技术工艺知识。

综上所述，我们将一流的技术工艺知识转化为一流的产品，打造出一流的品牌，这些都需要依靠高素质的技术工人支撑并发挥作用。但是现实状况却是我国技术工人队伍的素质低下，无法发挥中间的主体作用，导致生产中引进了许多高端技术、生产设备都无法转化为一流的产品，生产出来的产品往往质量达不到要求。那么培养高素质的技术工人就迫在眉睫，我们需要向技术教育寻求解决之道。技术教育是培养高素质技术工人的基本路径，职业的取向也是面向生产、服务等领域并培养熟练劳动者素质的基本途径。其发展规模和水平，直接影响产品的质量和经济效益的提高。技术现代化的程度越高，所带来的影响包括越多技术或知识密集型的行业，往往带来岗位上自动化或智能化的水平也不断提高，导致对技术人员的数量需求下降，而自动化智能化程度较高的岗位对技术人员的综合技术能力有了更高的要求，这些都使得对技术人员的教育与培训质量不断提升。①

总而言之，我们要重视发挥技术工人的主体作用，激发技术工人参与技

---

① 陈秋华.体制转换：结构变迁与就业 ［M］.北京：中国财政经济出版社，2000：409-410.

术工艺改进和设计产品的自觉意识，让技术工人的创新才能得到充分显现。①由于生产技术的发展，产品结构的改变，新产品不断涌现，市场调节与竞争的需要，再加上加工工艺的发展与进步，新工艺新技术的采用等因素，工厂企业内部的劳动结构也经常会发生变化，因此单一工种的培训已不能适应生产发展的需要。在这种新的条件下，技工学校的基本技能训练要求面广一些，工种划分不宜过细，并要同经济和社会发展以及所有制结构的调整相适应，要保证能源、交通等重要部门的需要，增设那些短缺的专业工种和短线专业工种，这样才能保证技术工人适应性强，劳动能力得到平衡。②

（三）现代学徒制是培养新型高素质技术工人的技术教育有效路径之一

学校组织形式的技术教育是在技术进步社会化生产的影响下，从普通文化科学教育中分化出来，从而导致了学徒制教育的旁落。社会化机器生产技术离不开技术理论知识，离不开理论形态的自然科学，随着技术的不断复杂和数量上的积累，导致生产中这种依靠师徒相授的教育形式已经不太适应了。技术教育从普通教育中分化出来，虽然是以技术学校的组织形式为多，但是实质上学徒制也是其表现形式。

学徒制是人类社会最古老的技术教育形式之一，以在生产实践中的言传身教为主要的授予形式，其诞生与发展可谓源远流长，从最早的家庭作坊中的父子相传、手工作坊中的师徒教授，再到企业中的雇佣关系、行业对师徒的监管，学徒制几经兴衰却延续至今，为人类社会技术技能的传承做出了巨大贡献。进入 21 世纪以来，诸多发达国家逐渐意识到高素质技能型人才特别是在高新信息技术行业的高素质技能人才，对国家的核心竞争力有着根本性的决定作用。在此基础上，对培养高素质技术人才的现代学徒制又开始进入关注的视野之中。

---

① 中共中央文献研究室 . 习近平关于科技创新论述摘编 ［M］. 北京：中央文献出版社，2016：31.

② 华东师范大学教育科学研究所 . 技术教育概论 ［M］. 上海：华东师范大学出版社，1985.

　　针对我国当前培养的技术工人无法满足国家经济社会的发展需要的情况，国家高屋建瓴从指导技术教育发展的方针政策出发，颁布了《国务院关于加快发展现代职业教育的决定》，提出要"开展校企联合招生培养的现代学徒制""推进校企一体化育人"。创新"现代学徒制"的技术教育培养技术工人的指导思想一出来，引起了对学徒制如何补益技术工人培育的再思考。

　　我国从 1998 年就已经开始了现代学徒制的探索、试点政策阶段。当时我国的技术教育在培养技术工人的过程中已经出现了长期以来的理论技术知识与技术能力实践脱节割裂的弊端，而且在技术知识的内容传授时往往忽略了其产生的情境，这些难题都导致了技术教育培养的技术人才素质不高，达不到社会生产的发展需要。在这样的困境下，我国各级政府、社会和学校都开始尝试改革技术教育人才培养模式。体现在现代学徒制探索阶段的核心理念的一些创新元素，例如工学结合、顶岗实习等都为我国提升技术教育的技术人才培养质量起到了积极作用。

　　对于创新学徒制指导方针的提出，最早是为了贯彻我国"科教兴国"战略。我国在 1998 年针对学徒制颁布了《关于建立和实施名师带徒制度的通知》中体现了"名师带徒"的学徒制新思想，并肯定"名师带徒"制度是对以往旧的传统学徒制的改造和补充。现代学徒制思想的践行最早出现在江西省新余市内的区域范围试点，2011 年新余市提出了"先招工、后入学"的试点指导方针，并在职业学校与企业之间合作践行开展。另外，教育部在 2014年《关于开展现代学徒制试点工作的意见》中指出现代学徒制试点进入全面推进阶段。

　　现代学徒制存在缺乏相关法律法规支撑的现实情况，对学徒制的合法规范管理、建立推荐现代学徒制的试点工作组织协调机构及发挥行业企业的作用，都可以借鉴西方发达国家的优秀经验。

　　例如英国在 2009 年颁布的《学徒制、技能、儿童与学习法案》，为英国学徒制的发展提供法律依据。其为学徒制的开展提供了非常详细的依据，对学徒制开展过程中涉及的资格审定、评价标准等细则都做出了具体详细的规定。英国学徒制的各项管理权责关系的有法可依，对我国依法发展现代学徒制有深刻的借鉴意义。创新学徒制离不开法律法规的强有力保障，现代学徒制这种用工形式需要各方主体通过法律渠道明确各自的职责和权益。而目前我国的法律，诸如职业教育法中对学徒制的办学合法性、办学形式的各方主体之间的权利与义务只有一些原则性的规定，并没有能够落到实处的具体法规。故而，在现代学徒制的创办过程中，加强可以落到实处的法律法规的确立，才能够保障现代学徒制的创新工作不断向前推进。

在学徒制组织管理上，英国与澳大利亚这两个国家都具有比较完备的体系。为了使学徒制这一用工形式在各个环节上能够更加有效沟通运行，学徒制的管理体系囊括了包括教育与劳动部门、企业、学校等在内的诸多单位。而且为了保障学徒制的质量还建立了第三方为企业与学徒服务的组织团体机构。但是总体来说，现代学徒制可否顺利发展，关键在于企业与学校这两个不同利益取向的主体是否能够寻得一个平衡点，构建出这样一种人才培养形式。学校与企业之间的价值取向不同，体现在学徒制的组织目标、运行机制上。这需要政府部门在中间调和统筹，才能使现代学徒制的相关工作顺利实践下去。政府部门可以通过举办各类论坛或者研讨会，推动学校与企业的互动并促使两方达成共识，形成推进现代学徒制的巨大推动力。

德国的制造业已经进入"工业4.0"时代，德国强大的制造水平很重要的一个方面就是得益于德国很早就实行了现代学徒制——"双元制"。行会组织是德国技术教育中的非常重要的团体，行会组织下属的企业承担了德国大部分的技能型人才培养工作。[1] 行会的监管、审查、组织这三个方面的责任都从德国的联邦法律上给予了明确规定。[2] 故而，在发展现代学徒制的过程中，我国应该结合实际情况，完善加强行会组织的优势功能作用。对于企业更是

---

[1] 赵志群，关晶，方勇．职教大国是如何培养"学徒"的［N］．中国教育报，2015-03-03．

[2] 赵志群，关晶，方勇．职教大国是如何培养"学徒"的［N］．中国教育报，2015-03-03．

要在政府部门的推动下加强与学校的合作，争取在不同的利益取向上取得平衡，使我国的现代学徒制试点可以有效开展。

总而言之，借鉴其他国家发展现代学徒制培养高素质的技术人才，推进了国家制造水平的提升，为国家成为制造强国提供了高素质技术人才支撑。现代学徒制能够使各级政府、行业和学校形成合力，更有效地提高技术工人的整体素质。党的十八届四中全会提出了四个全面的战略布局，其中全面依法治国为发展现代学徒制带来了机遇，为培养高素质技术人才营造了法治氛围。

本章小结

中国共产党技术教育思想具有历史意义和现实意义，中国共产党技术教育思想的历史意义体现在三个方面：第一是对中国古代技术教育思想的超越，从"微末之学"到"科教兴国"同等战略地位、从"制器"到"育人"的价值取向、从指导理念"付之阙如"到"丰富发展"的超越；第二是对中国近代技术教育思想有着指导理念上和思想实践上的跨越式发展；第三是对马克思主义技术教育思想的进一步丰富和发展，主要是对马克思主义关于人的全面发展观和"教育与生产劳动相结合"原理的进一步丰富和发展。而中国共产党技术教育思想对培养我国核心技术人才的自主创造能力、对摆脱工程技术人才存在的工程伦理困境、对培养高素质技术工人与推进"优质制造"三个方面有着深刻的实践指导意义。

由于信息技术不断融入产业中，劳动者本身的劳动内容也由简单化的劳动自动化和标准化转向宽技术基础的专业创新信息化生产技术为主。劳动内容的改变，便会对劳动者的能力提出新的要求。技术教育通过不同的培养目标、传授内容和教学方式等，培养不同类型的技术人才，从而既满足社会对劳动者能力的新要求，又实现对社会科学技术的各层次应用和创新。① 社会的生产是技术性的生产，社会的劳动者也是蕴含技术的劳动者，针对"技术人才断层问题"具体反映到技术人才的培养现状中，我们分析了从技术金字塔的上层尖端到基础底部，自上而下对应地考察了技术教育对核心技术人才、工程技术人才和技术工人三类技术人才的培养现状、不足之处以及应对之法，从而总结了中国共产党技术教育思想对核心技术人才自主创新能力的提升、工程技术人才工程伦理困境的摆脱、高素质技术工人的培养三个方面的指导实践意义。

我国对核心技术人才自主创新能力的培养存在很大的不足之处，而提升我国的核心技术自主能力还需要中国共产党技术教育思想对核心技术人才的培养构建新的进路。从现代工程技术人才的知识素质理论结构、"卓越工程师"的培养重要性的分析，可知工程师队伍是组成我国科技人才队伍的中坚力量，面对工程技术人才存在的工程伦理困境，还需要加强中国共产党技术教育思想的实践指导作用。要重视发挥技术工人队伍的作用，让他们参与工艺改进和产品设计，使他们的创新才智充分涌流。② 然而当前我国技术工人培养现状存在无法适应新时期要建设宏大的知识型、技术型、创新型劳动者大军的需要，亟须调整和改革技术工人的培养体系以应对"中国制造2025"的需求和挑战。

把握技术知识流动规律是中国共产党技术教学思想的重要方面之一，其中需要了解技术知识分类的演变和寓于技术实践当中的隐性技术知识，这都对技术人才的培养有着重要的启示和影响。学徒制的创新改革也是培养新型现代工人的有效路径之一。核心技术对我国实现"中国制造2025"有着关键的作用，而核心技术人才的不足制约了我国核心技术的突破发展。对于工程技术人才主要是要摆脱工程伦理教育的困境，工程伦理非常重要，工程伦理

---

① 陈凡，李泽清．论技术教育的三重特性［J］．科学技术与辩证法，2008（6）：44-47.
② 中共中央文献研究室．习近平关于科技创新论述摘编［M］．北京：中央文献出版社，2016：122.

教育存在的问题和不足需要引起重视并提出若干建议。技术工人作为第一线的技术人才，没有一流的技工，就没有一流的产品。再先进的科研成果，没有技术工人纯熟的手艺，企业产品也很难有竞争力。技术工人的素质与"优质制造"具有不可替代的直接关联性。

《中国制造2025》这一计划的推进，为我国转向制造业强国提出了明确的发展路径，其中一个核心观点就是"我国产品品质的升级"，而就如上文所分析的，关键在于"技术人才培养问题"的解决。新型劳动者的技术理论知识与实践技能要转变为产品的品质，还需要"工匠精神""宽技术基础""新型技术工人"等内涵不断进入技术人才的培养范畴之内，这些都是中国共产党技术教育思想在当前中国发展的具体实际中的新体现新推进。

结　语

当今终身教育理念的推广、企业岗前或在职培训的开展、普通教育与职业教育的关系改革等都与加强综合技术教育有关。联合国教科文组织国际教育发展委员会在 1972 年《学会生存》的报告中称为了使青年人进入未来工作和生活的教育，其目标在于培养青年人适应职务的变换、能力的可持续发展以应对工作生产的方法和条件的变动，需要恰如其分地给予青年人一定的流动性，便于在职业间转换或是在一种职业中的不同环节链中转换。这段话符合了马克思早年提出的人的劳动能力全面发展的观点，也概括了中国共产党技术教育思想中强调加强教育同生产劳动的结合的现代教育改革目的。发展技术教育，并向综合化方向推进，是未来技术教育发展的趋势。

"中国共产党技术教育思想"作为研究对象，其理论基础源自马克思、恩格斯、列宁和克鲁普斯卡雅等马克思主义者的技术教育理论，中国传统文化中"圣贤之士"与"技能之人"相统一的技术教育思想、半耕半读思想等。中国共产党技术教育思想是一个动态曲折发展的过程，历经了从萌芽确立到运用发展，再到进一步新发展这样三个阶段的演进，并在不同时期培养了适应时代需求的各类技术人才，并提供了思想上的指导。中国共产党技术教育思想的内容颇丰，但是要以一定的逻辑加以构建才能够呈现出来，故而本书从宏观层面的中国共产党的技术人才思想、中观层面的中国共产党的技术学校发展思想和微观层面的中国共产党的技术教学思想三方面对其内容进行论述。中国共产党的技术人才思想，以中国共产党领导人的技术人才观演变和当代技术人才观融入"人文素养""工匠精神"的时代诉求为主线进行分析；中国共产党的技术学校思想，以中国共产党的技术学校发展目标演变和"创新各级各类职业教育学校模式"的指导思想作为研究对象；中国共产党的技术教学思想，论述了"宽技术基础和综合多面"专业设置指导思想、技术理论与技术实践教学过程中技术知识流动的基本规律、技术教学过程主体需要契合技术认识路径和重视理论与实践相结合的技术教学思想。中国共产党技术教育思想有其理论与实践意义。中国共产党技术教育思想对马克思主义技术教育思想的进一步丰富和发展、对中国古代技术教育思想的超越、对中国近代技术教育思想的跨越式发展的理论意义；而在现阶段的时代背景下，通过以核心技术人才、工程技术人才和技术工人三类技术人才培养问题为例呈现了我国技术人才培养困境，展现了中国共产党技术教育思想对提升我国核心技术人才自主创新能力、摆脱工程技术人才工程伦理困境和培养高素质技术工人推进"优质制造"的实践指导意义。

总体来说，重视技术教育的发展是国家强盛人民富裕的必由之路，不仅能够提高劳动者政治、文化和技术素质，而且是实现社会主义现代化建设的一项具有战略意义的基础工程。今天现代技术教育面临的社会产业快速变化、产业转型升级、产品质量服务要求一体化等需求，旧的技术教育培养单一技能的技术人才无法适应这个快速变化的社会以及衍生出来的各种新需求。技术教育如果不适应社会做出改变的话，最终将会导致与劳动就业脱轨、出现更多的社会问题。所以，中国共产党技术教育思想应继续沿袭马克思主义的技术教育思想，结合我国的具体发展现状，从纵横两个维度延伸拓展调整，以适应社会的发展变化，中国共产党技术教育思想将会呈现以下发展趋势。

第一，中国共产党技术教育思想内涵需要扩张使其彰显内容的价值，回归价值的追求和人的自我实现。技术教育价值的内涵是指作为价值客体的技术教育，通过以人为客体授予关于技能和技术知识的学习，满足作为价值主体的人求职和就业需要，满足作为价值主体的人全面而自由的发展需要和社会角度上对其人力资本分流、形成、储存和价值积累等需求的外在价值。扩张技术教育思想的内涵，最终会回归于既能满足工作现实的需要，具备技术知识、技能操作、技术素养等又能够具有人文关怀素养的新型劳动者。

第二，可持续发展技术教育观念需注重技术教育与普通教育相衔接且与终身教育紧密结合。技术教育与作为现代化理念的终身教育在教育过程、教育内容、教育空间和教育目的上都存在共同之处。技术的发展和对生活的渗透势必出现一种趋势，那就是使得学习成为一种基于终身培训的训练。我国现阶段处于多种经济形态并存交错和多种产业结构并存交织的状态，新信息技术与传统产业特别是传统制造业的融合，启动国家新一轮产业转型升级。技术教育体系的改革应按照终身教育的要求进行。技术教育改革的导向是观念的转变，从传统的针对某个项技术到转向整个技术带或技术域的教育观。技术教育的改革核心要注重课程体系与教学内容遵循终身教育理论的要求。另外作为技术教育体系中主要教育形式之一的职业教育要与普通教育相衔接，可以通过三种主要渠道来完成。第一种是合理平衡普通学校和职业学校的比例，使其教育结构多样化。第二种是普通教育与职业教育在教学内容上相互衔接沟通渗透，保证其顺畅性。第三种是在完善技术教育体系中要在系统内部上下沟通。

第三，中国共产党技术教育思想将会是一个更加开放的系统。技术教育不是终结性的教育，需要优化完善现代技术教育的结构层次，构建多元、开放、灵活的技术教育运行体系。在培养对象上要向青少年甚至是只要有需求就应该为其提供技术教育，而提供技术教育的方式可以是正规或非正规的，但是两者都需要重视协调并举，以满足不同社会人群的技术教育需求。技术教育不同的层次与类型培养出来的各级各类技术人才，形成了一定数量与规格满足我国工业化道路的不断推进和产业转型升级对技术人才的需求。由于教育具有滞后性，技术教育也不例外，故在技术教育的专业设置、结构调整过程中要适度前置，用发展动态的技术教育思想来指导技术教育的发展。技术教育的结构优化主要考虑现代社会技术快速发展，技术产品更新换代加快，信息技术与传统产业的快速融合等要求，提供固定或弹性的学习场所或学习计划来满足不同的技术教育需求。

　　总的来说，本书虽然围绕着中国共产党技术教育思想进行探讨，并就其理论基础、历史演进、基本内容以及理论与实践的意义几个方面进行了深入的研究，并在结语处做了总结和点出中国共产党技术教育思想三个方面的发展趋势，然而对中国共产党技术教育思想其他方面的特质并未展现，在未来的研究中将进一步深化。

参考文献

一、著作类

[1] 中共中央马克思恩格斯列宁斯大林著作编译局 . 马克思恩格斯全集：第 2 卷 [M]. 北京：人民出版社，1995.

[2] 中共中央马克思恩格斯列宁斯大林著作编译局 . 马克思恩格斯全集：第 3 卷 [M]. 北京：人民出版社，1995.

[3] 中共中央马克思恩格斯列宁斯大林著作编译局 . 马克思恩格斯全集：第 16 卷 [M]. 北京：人民出版社，1964.

[4] 中共中央马克思恩格斯列宁斯大林著作编译局 . 马克思恩格斯全集：第 23 卷 [M]. 北京：人民出版社，1972.

[5] 中共中央马克思恩格斯列宁斯大林著作编译局 . 马克思恩格斯全集：第 34 卷 [M]. 北京：人民出版社，1972.

[6] 中共中央马克思恩格斯列宁斯大林著作编译局 . 马克思恩格斯全集：第 38 卷 [M]. 北京：人民出版社，1972.

[7] 中共中央马克思恩格斯列宁斯大林著作编译局 . 马克思恩格斯全集：第 48 卷 [M]. 北京：人民出版社，1985.

[8] 马克思，恩格斯 . 马克思恩格斯选集：第 1 卷 [M]. 北京：人民出版社，2012.

[9] 马克思，恩格斯 . 马克思恩格斯选集：第 3 卷 [M]. 北京：人民出版社，1972.

［10］马克思，恩格斯．马克思恩格斯选集：第 4 卷［M］．北京：人民出版社，2012.

［11］马克思．资本论：第 1 卷［M］．北京：人民出版社，1975.

［12］列宁．列宁全集：第 2 卷［M］．北京：人民出版社，1984.

［13］列宁．列宁全集：第 31 卷［M］．北京：人民出版社，1984.

［14］列宁．列宁全集：第 34 卷［M］．北京：人民出版社，1985.

［15］列宁．列宁全集：第 36 卷［M］．北京：人民出版社，1985.

［16］列宁．列宁全集：第 39 卷［M］．北京：人民出版社，1986.

［17］列宁．列宁全集：第 40 卷［M］．北京：人民出版社，1986.

［18］列宁．列宁教育文集［M］．北京：人民出版社，1986.

［19］毛泽东．毛泽东选集：第 1 卷［M］．北京：人民出版社，1991.

［20］毛泽东．毛泽东选集：第 2 卷［M］．北京：人民出版社，1991.

［21］毛泽东．毛泽东文集：第 2 卷［M］．北京：人民出版社，1993.

［22］毛泽东．毛泽东文集：第 7 卷［M］．北京：人民出版社，1999.

［23］毛泽东著作选读编辑委员会．毛泽东著作选读：下册［M］．北京：人民出版社，1986.

［24］刘少奇．刘少奇选集：下卷［M］．北京：人民出版社，1985.

［25］周恩来．周恩来教育文选［M］．北京：教育科学出版社，1984.

［26］邓小平．邓小平文选：第 2 卷［M］．北京：人民出版社，1994.

［27］中共中央文献研究室．新中国成立以来重要文献选编：第 19 册［M］．北京：中央文献出版社，1993.

［28］中共中央文献研究室．邓小平同志论教育［M］．北京：人民出版社，1990.

［29］毛泽东，周恩来，刘少奇，等．毛泽东，周恩来，刘少奇，邓小平论教育［M］．北京：人民教育出版社，1994.

［30］江泽民．论科学技术［M］．北京：中央文献出版社，2001.

［31］中共中央宣传部．科学发展观学习纲要［M］．北京：学习出版

社，2013.

[32] 中共中央文献研究室. 习近平关于科技创新论述摘编 [M]. 北京：中央文献出版社，2016.

[33] 中共中央办公厅. 中国农村的社会主义高潮 [M]. 北京：人民出版社，1956.

[34] 金铁宽. 中华人民共和国大事记 [M]. 济南：山东教育出版社，1995.

[35] 何东昌. 中华人民共和国重要教育文献（1949—1975）[M]. 海口：海南出版社，1998.

[36] 福建省文化厅革命文化史料征集工作委员会. 中央苏区革命文化史料汇编 [M]. 南昌：江西人民出版社，1994.

[37] 亚里士多德. 尼克马可伦理学 [M]. 廖申白，译. 北京：商务印书馆，2003.

[38] 克鲁普斯卡雅. 克鲁普斯卡雅教育文选：上卷 [M]. 王道治，译. 北京：人民教育出版社，1987.

[39] 克鲁普斯卡雅. 克鲁普斯卡雅教育文选：下卷 [M]. 王道治，译. 北京：人民教育出版社，1988.

[40] 詹姆士·E·麦克莱伦三世，哈罗德·多恩. 世界史上的科学技术 [M]. 王鸣阳译. 上海：上海科技教育出版社，2003.

[41] 库兹涅茨. 现代经济增长 [M]. 戴睿，易诚，译. 北京：北京经济学院出版社，1991.

[42] 杜威. 民主主义与教育 [M]. 王承绪，译. 北京：人民教育出版社，2001.

[43] 卡尔·米切姆. 技术哲学概论 [M]. 殷登祥，曹南燕，译. 天津：天津科学技术出版社，1999.

[44] 卡尔·米切姆. 通过技术哲学思考 [M]. 陈凡，朱春艳，译. 沈阳：辽宁人民出版社，2008.

[45] 理查德·桑内特. 匠人 [M]. 李继宏, 译. 上海: 上海译文出版社, 2015.

[46] 保尔·朗格朗. 终身教育引论 [M]. 周南照, 陈树清, 译. 北京: 中国对外翻译出版公司, 1985.

[47] 杜威. 我们怎样思维·经验与教育 [M]. 姜文闵, 译. 北京: 人民教育出版社, 1991.

[48] P. 维西林, S. 冈恩. 工程、伦理与环境 [M]. 吴晓东, 翁端, 译. 北京: 清华大学出版社, 2003.

[49] 乔治·萨顿. 科学史和新人文主义 [M]. 陈恒六, 等译. 上海: 上海交通大学出版社, 1989.

[50] 迈克尔·波兰尼. 个人知识 [M]. 许泽民, 译. 贵阳: 贵州人民出版社, 2000.

[51] 查尔斯·辛格. 技术史: 第 5 卷 [M]. 上海: 上海科技教育出版社, 2004.

[52] 罗素. 西方哲学史 [M]. 何兆武, 李约瑟, 译. 北京: 商务印书馆, 2015.

[53] 查尔斯·辛格. 技术史第一卷: 远古至古代帝国衰落 [M]. 王前, 孙希忠, 译. 上海: 上海科技教育出版社, 2004.

[54] 怀特海. 教育的目的 [M]. 庄莲平, 王立中, 译. 上海: 文汇出版社, 2012.

[55] 特雷弗·I. 威廉斯. 技术史: 第 6 卷 [M]. 姜振寰, 赵毓琴, 译. 上海: 上海科技教育出版社, 2004.

[56] 李约瑟. 中国科学技术史: 第 1 卷 [M]. 袁翰青, 王冰, 于佳, 译. 北京: 科学出版社, 上海: 上海古籍出版社, 1990.

[57] 李约瑟. 中华科学文明史: 第 4 卷 [M]. 上海交通大学科学史系, 译. 上海: 上海人民出版社, 2003.

[58] 细谷俊夫. 技术教育概论 [M]. 肇永和, 王立精, 译. 北京: 清

华大学出版社, 1984.

[59] 仓桥重史. 技术社会学 [M]. 王秋菊, 陈凡, 译. 沈阳: 辽宁人民出版社, 2012.

[60] 池田大作, 狄尔鲍拉夫. 走向 21 世纪的人与人之间哲学: 寻求新的人性 [M]. 宋成有, 李国良, 刘文柱, 等译. 北京: 北京大学出版社, 1992.

[61] 康德. 判断力批判 [M]. 李秋零, 译. 北京: 中国人民大学出版社, 2010.

[62] F. 拉普. 技术哲学导论 [M]. 刘武, 等译. 长春: 吉林人民出版社, 1988.

[63] 安东尼·梅杰斯. 爱思唯尔科学哲学手册: 技术与工程科学哲学 [M]. 张培富, 等译. 北京: 北京师范大学出版社, 2015.

[64] 爱弥尔·涂尔干. 职业伦理与公民道德 [M]. 渠东, 译. 上海: 上海人民出版社, 2001.

[65] 蔡元培. 蔡元培教育论著选 [M]. 北京: 人民教育出版社, 1991.

[66] 路宝利. 中国古代职业教育史 [M]. 北京: 经济科学出版社, 2011.

[67] 俞启定, 何震. 中国职业教育发展史 [M]. 北京: 高等教育出版社, 2012.

[68] 王川. 西方近代职业教育史稿 [M]. 广州: 广东教育出版社, 2011.

[69] 瞿海魂. 发达国家职业技术教育历史演进 [M]. 上海: 上海教育出版社, 2008.

[70] 叶澜. 教育概论 [M]. 北京: 人民教育出版社, 1991.

[71] 瞿海魂. 英国中等职业技术教育发展研究 [M]. 北京: 高等教育出版社, 2005.

[72] 袁刚, 孙家祥, 任丙强. 民治主义与现代社会——杜威在华讲演集

[M]. 北京：北京大学出版社，2004.

[73] 王炳照，田正平. 中国教育思想通史：第六卷 [M]. 长沙：湖南教育出版社，1994.

[74] 纪芝信. 职业技术教育学 [M]. 福州：福建教育出版社，2006.

[75] 李蔺田. 中国职业技术教育简史 [M]. 北京：北京师范大学出版社，1994.

[76] 国家教委职业技术教育中心研究所. 职业技术教育原理 [M]. 北京：经济科学出版社，1998.

[77] 南京师范大学教育系. 教育学 [M]. 北京：人民教育出版社，1984.

[78] 郝克明. 当代中国教育结构体系研究 [M]. 广州：广东教育出版社，2001.

[79] 华东师范大学教育科学研究所. 技术教育概论 [M]. 上海：华东师范大学出版社，1985.

[80] 周蕖. 中外职业技术教育比较 [M]. 北京：人民教育出版社，1991.

[81] 王世襄. 髹饰录解说 [M]. 北京：生活·读书·新知三联书店，2013.

[82] 张斌. 技术知识论 [M]. 北京：中国人民大学出版社，1994.

[83] 姜大源. 当代世界职业教育发展趋势研究 [M]. 北京：电子工业出版社，2012.

[84] 李淮春. 马克思主义哲学全书 [M]. 北京：中国人民大学出版社，1996.

[85] 王前. 技术现代化的文化制约 [M]. 沈阳：东北大学出版社，2002.

[86] 郭永宏. 技术变迁与人力资本结构再造理论分析 [M]. 北京：中国财政经济出版社，2009.

[87] 陈秋华. 体制转换 结构变迁与就业 [M]. 北京：中国财政经济出

版社，2000.

[88] 邹珊刚．技术与技术哲学 [M]．北京：知识出版社，1987.

[89] 陈昌曙．技术哲学引论 [M]．北京：科学出版社，1999.

[90] 朱葆伟，赵建军，高亮华．技术的哲学追问：北京技术哲学论坛文萃 [M]．北京：中国社会科学出版社，2012.

[91] 联合国教科文组织国际教育发展委员会．学会生存：教育世界的今天和明天 [M]．北京：职工教育出版社，1989.

二、期刊论文类

[1] 梁军．工程伦理的微观向度分析：兼论“工匠精神”及其相关问题 [J]．自然辩证法通讯，2016（4）.

[2] 陈凡，朱春艳，邢怀滨，等．技术知识：国外技术认识论研究的新进展：荷兰“技术知识：哲学的反思”国际技术哲学会议述评 [J]．自然辩证法通讯，2002（5）.

[3] 李宏伟，别应龙．工匠精神的历史传承与当代培育 [J]．自然辩证法研究，2015（8）.

[4] 夏保华．发明家社会英雄形象的确立与演变 [J]．自然辩证法研究，2012（8）.

[5] 程海东，刘炜．技术认识论刍议 [J]．自然辩证法研究，2013（7）.

[6] 张利华．中国近代的技术教育：1860~1890 [J]．自然辩证法研究，1992（11）.

[7] 浦根祥．技术社会史视野中的发明家或工程师：从狄塞尔研制采油机案例谈起 [J]．自然辩证法研究，1994（7）.

[8] 龙翔．工程师伦理责任的历史演进 [J]．自然辩证法研究，2006（12）.

[9] 徐海波，程新宇．论工程师的伦理困惑及其选择 [J]．自然辩证法研究，2008（8）.

［10］肖峰．技术认识过程的社会建构［J］．自然辩证法研究，2003（2）．

［11］陈凡，李泽清．论技术教育的三重特性［J］．科学技术与辩证法，2008（6）．

［12］王大洲．论技术知识的难言性［J］．科学技术与辩证法，2001（1）．

［13］龙翔，陈凡．谈谈工程师的伦理道德问题［J］．科学技术与辩证法，2007（1）．

［14］杨中楷，林德明，韩爽，等．重大技术发明产出年龄分布特征研究：基于美国发明家名人堂数据［J］．科学学研究，2015（3）．

［15］宣兆琦．论中国古代职业技术教育思想的形成［J］．管子学刊，2006（3）．

［16］刘海鹏．墨子科学技术教育思想及启示［J］．管子学刊，2008（4）．

［17］周青，杨辉祥，倪俊超．论技术教育的重要性［J］．课程·教材·教法，2004（9）．

［18］李艺，颜士刚．论技术教育价值问题的困境与出路［J］．电化教育研究，2007（8）．

［19］李锋亮，李曼丽．专业知识与工程师的过度教育［J］．高等工程教育研究，2011（4）．

［20］王章豹，石芳娟．从工程哲学视角看未来工程师的素质：兼谈工科大学生大工程素质的培养［J］．自然辩证法研究，2008（7）．

［21］徐宏伟，庞学光．技术认识论视域下的职业教育发展［J］．教育发展研究，2014（17）．

［22］刘献君．知识经济呼唤人文教育与科学教育的融合［J］．高等教育研究，1999（2）．

［23］林健．工程师的分类与工程人才培养［J］．清华大学教育研究，

2010（1）.

[24] 李德才，王俊．关于培养"卓越工程师"的几点认识 [J]．研究生教育研究，2011（3）.

[25] 杨胡凤，张羽．工程师所受高等教育的质量对其职业发展的影响研究 [J]．高等工程教育研究，2015（5）.

[26] 李伯聪．工程与伦理的互渗与对话：再谈关于工程伦理学的若干问题 [J]．华中科技大学学报（社会科学版），2006（4）.

[27] 吴国林．论技术本身的要素：复杂性与本质 [J]．河北师范大学学报（哲学社会科学版），2005（2）.

[28] 张绍春．刘少奇职业技术教育思想论析 [J]．湖南师范大学教育科学学报，2007（6）.

[29] 常艳芳，常诚．大学生科学精神与技术责任理念的培育：雅斯贝尔斯科学技术教育思想研究 [J]．东北师大学报（哲学社会科学版），2015（5）.

[30] 陶静．略论马克思主义的综合技术教育理论 [J]．中南民族大学学报（人文社会科学版），2005（5）.

[31] 方鸿志，陈红兵，陈凡．技术教育概念辨析 [J]．社会科学辑刊，2007（4）.

[32] 金波．谈谈卢梭的综合技术教育思想：学习《爱弥儿》体会之二 [J]．史学月刊，1986（1）.

[33] 任军．论中国近代思想家的超越意识 [J]．天津社会科学，1996（2）.

[34] 何振海，杜智萍．19 世纪法国高等专科学校发展评析 [J]．河北师范大学学报（教育科学版），2011（11）.

[35] 肖川．列宁综合技术教育思想及其指导意义 [J]．黑龙江高教研究，1991（3）.

[36] 张智钧．试析高等学校卓越工程师的培养模式 [J]．黑龙江高教研

究，2010（12）.

　　[37] 夏建国. 技术教育：一种必须重视的教育类型 [J]. 职教论坛，2011（1）.

　　[38] 李艳霞，夏建国. 论职业教育和技术教育 [J]. 职教论坛，2012（10）.

　　[39] 严雪怡. 为什么必须区分职业教育和技术教育 [J]. 职教论坛，2009（9）.

　　[40] 严雪怡. 技术教育的形成过程 [J]. 职教论坛，2012（4）.

　　[41] 李政. 中国近现代技术教育百年发展历程简析 [J]. 职教论坛，2013（28）.

　　[42] 陈向阳. 美国技术教育课程百年变革的历史考察 [J]. 职教论坛，2011（22）.

　　[43] 李介，闫淳冰. 论裴斯泰洛齐的职业技术教育思想及实践 [J]. 职教论坛，2014（10）.

　　[44] 唐小俊. 生存论技术观视域下技术教育的价值选择 [J]. 职教论坛，2013（4）.

　　[45] 王式正，曹育南. 技术创新与技术教育 [J]. 职业技术教育，2000（4）.

　　[46] 彭干梓，夏金星. 李鸿章技术教育思想与实践 [J]. 职业技术教育，2010（31）.

　　[47] 张燕. 克鲁普斯卡亚综合技术教育思想简论 [J]. 职业技术教育，2005（16）.

　　[48] 沈小勇. 反思与超越：人文主义视野下的技术教育 [J]. 职业技术教育，2010（13）.

　　[49] 杨金土，孟广平，严雪怡. 对技术、技术型人才和技术教育的再认识：二 [J]. 职业技术教育（教育科学版），2002（22）.

　　[50] 谢广山. 中国古代职业与技术教育范式 [J]. 教育与职业，2007

（23）.

［51］孟景舟.职业教育和技术教育辨析［J］.教育发展研究，2008（19）.

［52］梁卿.怀特海的技术教育思想及其现实意义［J］.职业教育研究，2007（8）.

［53］金春兰.《幼学琼林》中有关技术教育内容探析［J］.成人教育，2009（2）.

［54］姜大源.关于澳大利亚职业教育与培训的再认识［J］.中国职业技术教育，2007（1）.

［55］刘永鹏."人的全面发展"释义及实现途径［J］.人民论坛，2010（17）.

三、学位论文

［1］李昊.工程师承担伦理责任的困境及对策研究［D］.西安：陕西科技大学，2015.

［2］郑娟新.文化再造职业教育：基于技术变迁的视角［D］.上海：华东师范大学，2014.

［3］谷韶华.我国高等工程教育目标的认知［D］.长沙：中南大学，2012.

［4］宋保林.企业技术创新过程中的技术知识流动研究［D］.沈阳：东北大学，2011.

［5］方鸿志.技术教育的历史与逻辑探析［D］.沈阳：东北大学，2009.

［6］何放勋.工程师伦理责任教育研究［D］.武汉：华中科技大学，2008.

四、外文文献

［1］VINCENTI W G. What engineers know and how they know it：Analytical studies from aeronautical history［M］. Baltimore：Johns Hopkins University Press, 1990.

［2］BEDER S. The New Engineer［M］. South Yarra：Macmillan Education Australia PTY Ltd, 1998.

［3］FAULKNER W. Conceptualizing Knowledge Used In innovation：A Second Look at the Science-Technology Distincation and Industrial Innovation［J］. Science, Technology and Human, 1994, 19（4）.

［4］BATTKE B, SCHMIDT T S, STOLLENWERK S, et al. Internal or external spillovers-Which kind of knowledge is more likely to flow within or across technologies［J］. Research Policy, 2016, 45（1）.

［5］VRIES D J M. The Nature of Technological Knowledge：Extending Empirically Informed Studies into What Engineers Know［J］. Techné：Research in Philosophy and Technology, 2003（6）.

［6］LAYTON E. Technology as Knowledge［J］. Technology and Culture, 1974, 15（1）.

［7］ROPOHL G. Knowledge Types in Technology. International Journal of Technology and Design Education［J］. Educational Technology, 1997（7）.

［8］FOWLERS J. Problem Solving in Technology Education：A Taoist perspective［J］. Journal of Technology Education, 1998, 10（1）.

［9］LAYTON E. Through the Looking Glass, or News from Lake Mirror Image［J］. Technology and Culture, 1987, 28（3）.

［10］PARAYIL G. Technological knowledge and technological change［J］. Technology in Society, 1991（1）.

五、新闻类

［1］举办半工半读的工人学校［N］. 人民日报, 1958-05-29（7）.

［2］吴敏文.“工匠精神”从哪儿来［N］. 中国青年报, 2016-03-28

（2）.

　　［3］赵志群，关晶，方勇.职教大国是如何培养"学徒"的［N］.中国教育报，2015-03-13（11）.

　　［4］张培培.创新："工匠精神"的时代内涵［N］.中国社会科学报，2016-09-20（10）.